青春をママチャリに乗せて

ハンディキャップの自転車日本一周記

下司啓太

はじめに

　タイトルをみて改めて思ったのは、自分はなかなか無謀なことをやったのだなということである。ママチャリは4万くらいの値段で買った。ママチャリにしては高く、もっと安く買おうと思えば安いのなんていくらでもあったし、クロスバイクでママチャリより安いのもあった。それでも僕がママチャリにこだわり選んだ理由は、乗り慣れているとか、自転車屋で対応してもらいやすいなど、色々ある。でも一番の理由は、「同じハンディを背負ったもの同士」だったからかもしれない。日本を一周しといてこんなことを言うのもアレだが、ママチャリは正直言って旅向きの自転車ではない。荷物をママチャリにつけた状態での上り坂は勾配3％くらいでもう上れなくなってくるし、クロスバイクやロードバイクみたいに速くは走れない。街中での時速はせいぜい13キロほどだ。また分解できないので、公共交通機関を使っての輪行なんてセコイ手も使えない。

　もちろん僕だって、いきなり何の根拠もなしにママチャリでも出来るという確信を持ったわけではない。以前「奇跡体験！　アンビリバボー」という番組で、病気で余命わずかの男性が、仲間の協力を得ながら車椅子で日本縦断に挑むという特集を見て「車椅子で出来るんならママチャリで日本一周できるんじゃないか？」という閃きがあったからだ。

　僕自身も身障者の一人で、先天性四指欠損という障害を持っている。生まれつき左手の指が4本欠損しており、親指しかない状態だ。他の人から見たらそれで自転車を漕ぐのは大変そうに見えるみたいだが、僕自身は普通に漕ぐ分にはなんら問題ないと思っている。ブレーキをかける時も、うまく左手首をブレーキレバーにひっかければ両手でブレーキだって使える。

　しかし障害を持っていて苦労したことがないかというと、決してそんなことはない。小中学生の頃なんかは、「自分はみんなと違う」という認識から、多少なりとも劣等感を抱えていた。そのためか学生の頃の友人は少なく、高校の頃も友人なんかは皆無だった。「こんな容姿じゃ女の子に気に入ってもらえないのではないか」と思い込み、旅に出るまで彼女はおろか、女友達なんて全くいなかった。アルバイトも障害が原因で制限されることが多かった（皿洗いはどうしても健常者と比べるとスピードが劣る、少しでも重い荷物は両手を使わないと持てないなど）。

　そんな状態だったので、旅に出ると決めた時も「事故を起こすリスクは健常者よりも高いのではないか」「自分だけでは出来ないことも多いのではないか」などの不安はもちろんあったが、それ以上に自分の中に「ママチャリで日本をまわってみたい」という意志が強かったことが、この無謀な旅へ踏み切った大きな理由だといえるだろう。お金や時間の面でもリスクはあるし、旅に出て何が得られるかなんて全く分からなかったが、やってみないことには絶対に何も得られない。リスクをかけないとリターンもないのである。この旅で仮に大きな事故や被害にあったとしても、踏み出さないことに対しての後悔の方が自分の中では大きいだろうなと感じたので、人生と青春を賭けて旅に出ようと決意した。

全国をまわりながら同じ先天性の障害を持った仲間にもたくさん出会えた。というのも、僕は以前「先天性四肢障害父母の会」（以下、父母の会）という、先天性の障害を持った方々の全国コミュニティーに所属していたことがあり、一度は退会していたのだが、この旅をきっかけに復会することにした。会員さんは全国にいるので、旅の行く先々で会員さん宅に泊まらせていただき、障害を持った仲間と交流したり、障害を持った人に長年関わってきた方に会ったことは、僕自身励みになることが多く、自身の障害を見つめなおす機会にもなった。

旅と旅行は別物だと思う。旅行は行く前にプランを計画して、泊まる場所や観光の流れも決まってて、何日で帰るかまではっきりしている。旅行の目的の大半が、「楽しむため」や「息抜き」が多いと思う。

旅は泊まるアテもその日その日で決めたり（野宿も多い）、どのタイミングで何処に行くかも自分の気分次第だ。旅の途中で日雇いの仕事をすることもよくある話である。行動が不安定なため、人に道を聞いたり泊まる場所を探したりと苦労も多いが、その分多くの出会いがあったり、思いつきで行った場所が思いのほかいい場所だったりするのが旅の醍醐味である。特に自転車日本一周なんて突拍子もないことをやっていると、たくさんの人に声をかけていただいたり、自然と自分と同じようなことをやってる旅人にめぐり合ったりする。そういう多くの人たちとの交流の中で、自分の価値観や信念が培われていく。旅では旅行ではなかなか得られない「経験値」や「人との縁」、「人情」、「生き方」を学べるのが大きな魅力なのではないかと思う。

まだ旅に出たことがないけど旅してみたいという方は、ぜひビンボー旅に出られることをおススメする。お金がないほうが、窮地に陥りやすいが、その分たくさんの人から協力を得られるし、新しいことに挑戦せざるを得ないからだ。もちろん人に頼ってばかりではいけないが、本当に困った時に誰かに助けてもらうと、人のやさしさに触れて、人情の大切さを学べ、「ピンチとチャンスは紙一重」という言葉があるように、ピンチの時は今まで自分が考え付かなかったようなアイデアがひらめいたりもする。僕の場合なんかは、どうしても上れない坂はヒッチハイクで車に乗せてもらい、自転車ごと峠を越えたこともあった。

この本は、旅に出たいけどなかなか一歩を踏み出せないという方や、何かに挑戦してみたいと思っている方にとって、踏み出す「勇気」になればいいなと思い書いた。また、自分の生きた証として自分の体験を形に残したかったというのもある。自転車に乗った経験や旅をした経験にも乏しく、おまけに障害も持っていて人脈も乏しい。そんな男がママチャリで日本一周を出来たと聞いて、「じゃあ自分にも出来るんじゃないか」と思ってもらえたならば、著者冥利に尽きる。本を書くのなんて初めてだし、自分で勝手に考案して作った本なので、つたない文章ではあるが、この本から自転車旅の楽しさや出会いの価値、ハンディがあっても挑戦することの大切さを感じ取っていただければ幸いです。

下司 啓太

礼文島
2015.9.2 - 9.6
宗谷岬
最北端到達！
2015.9.1
札幌
2015.8.18
函館
2015.8.10
襟裳岬
2015.9.23
納沙布岬
最東端到達！
2015.9.13
青森 ねぶた
2015.8.2
北海道一周終了！
2015.9.29
山形
自動車学校で仮免取得
2015.6.19 - 7.9
岩手
2015.10.3
新潟 寺泊
2015.6.13
福島 会津若松
2015.10.10
東京
2015.10.17
愛知
2015.11.2
第一章 賽は投げられた!! 日本海北上編!!
第二章 旅人のメッカ!! 北海道編!!
第三章 優しさと温かさを訪ねて……太平洋南下編
第四章 日本一周最終章!! 九州一周編!!

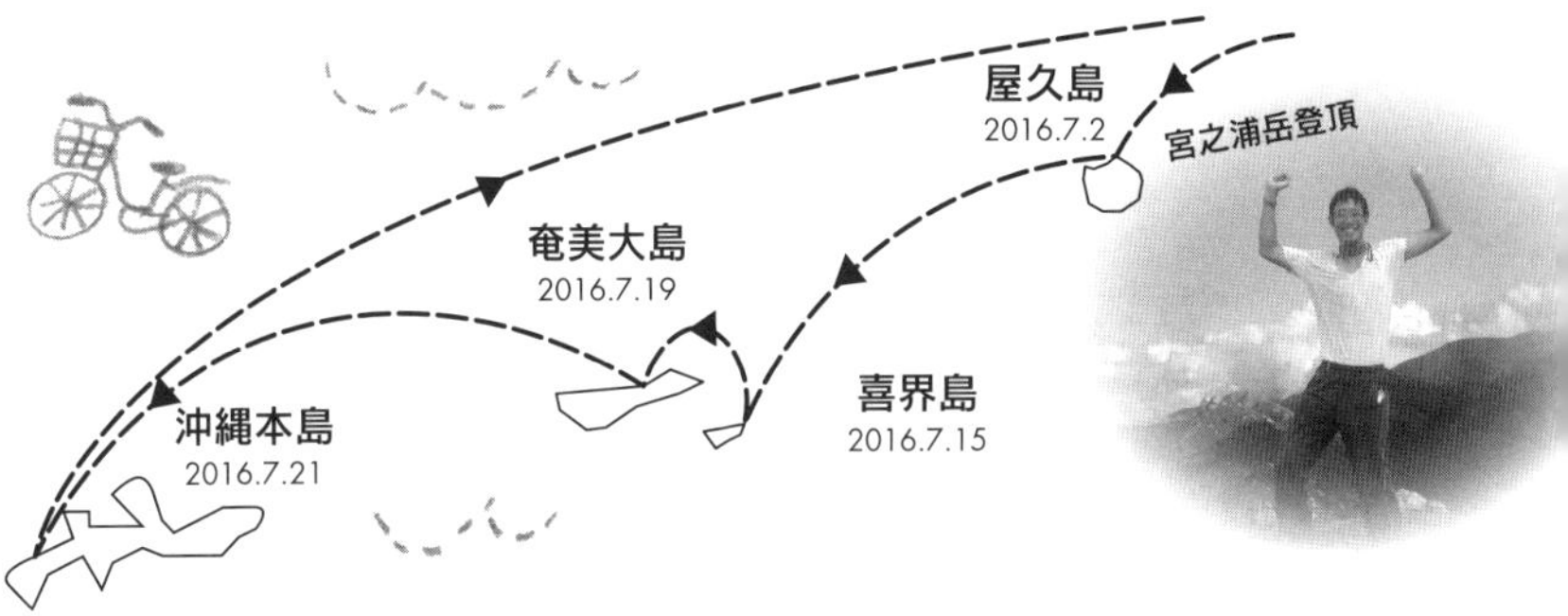

ママチャリ

日本一周の軌跡

旅行期間：2015.5.2- 2016.9.3

世界地図で見ると小さな日本だが、いざ自分の足でまわると見たことのない景色や今まで会ったこともない人たちにたくさん出会えた。日本は地図で見るよりずっと大きく、そして人情に溢れていた。

さぁ、ママチャリ日本一周の旅へ、いざ**出発**！

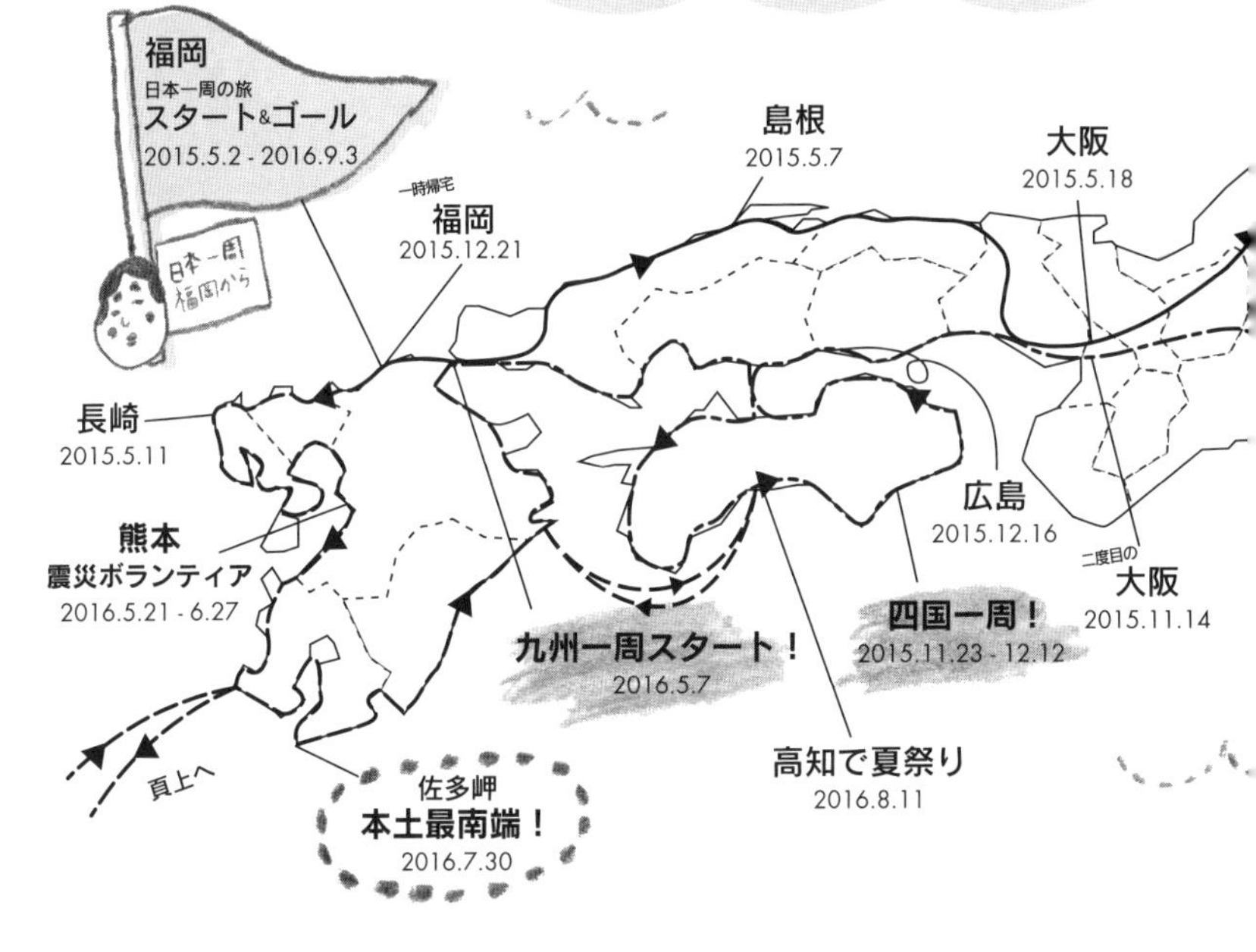

目次

同じ障害仲間と交流へ

自転車で日本一周

左手の指ない福岡の23歳

来月出発 1年かけ

生まれつき左手の指がない下司啓太さん(23)＝福岡市博多区＝が、同じ障害がある全国の仲間を訪ねる自転車の旅に出る。日ごろから愛用しているママチャリで5月初旬から1年かけて日本一周する。【山崎あずさ、写真も】

大学4年の時、テレビ番組で病気を患った人が車椅子で日本一周する様子を見て「今しかできないことをやってみよう」と触発された。昨年3月に福岡県内の大学を卒業してからアルバイトで資金をため、ジムで体も鍛えてきた。

左手の指がほとんどない下司さんは、右手でハンドルを握り、左手は添えるだけ。前傾姿勢になるサイクリング用の自転車だと右手への負荷が大きいため、普段乗り慣れていて背筋を伸ばせるママチャリに荷物を載せて旅に出ることにした。荷台に積んだボックスには、ホワイトボードを付けて「日本一周○日目」と書いて走る。

小学生の時に親が入会していた「先天性四肢障害児父母の会」の会員を訪ねる計画だ。会報で宿泊先を募ったところ、大阪と静岡の会員から返事があった。下司さんは「旅を通して、同じ障害がある人たちと交流を深めたい」と話す。旅先で出会った人に配る名刺も200枚作った。

福岡を出発後、1日30キロを目安に日本海側を北上して北海道を目指し、折り返したら太平洋側を南下して沖縄まで向かう。「旅での見聞や経験が、これからの人生の糧になるはず」と力を込めた。

旅の相棒となるママチャリにまたがる下司さん＝福岡市博多区で

2015年4月30日　毎日新聞福岡版夕刊

日本一周時に、地元で新聞社に記事にしていただいた文面。「どうせ日本一周するなら、記事にしてもらおう」と、何社か新聞社に掛け合い、毎日新聞に取材していただいた。

第1章 賽は投げられた!! 日本海北上編!!

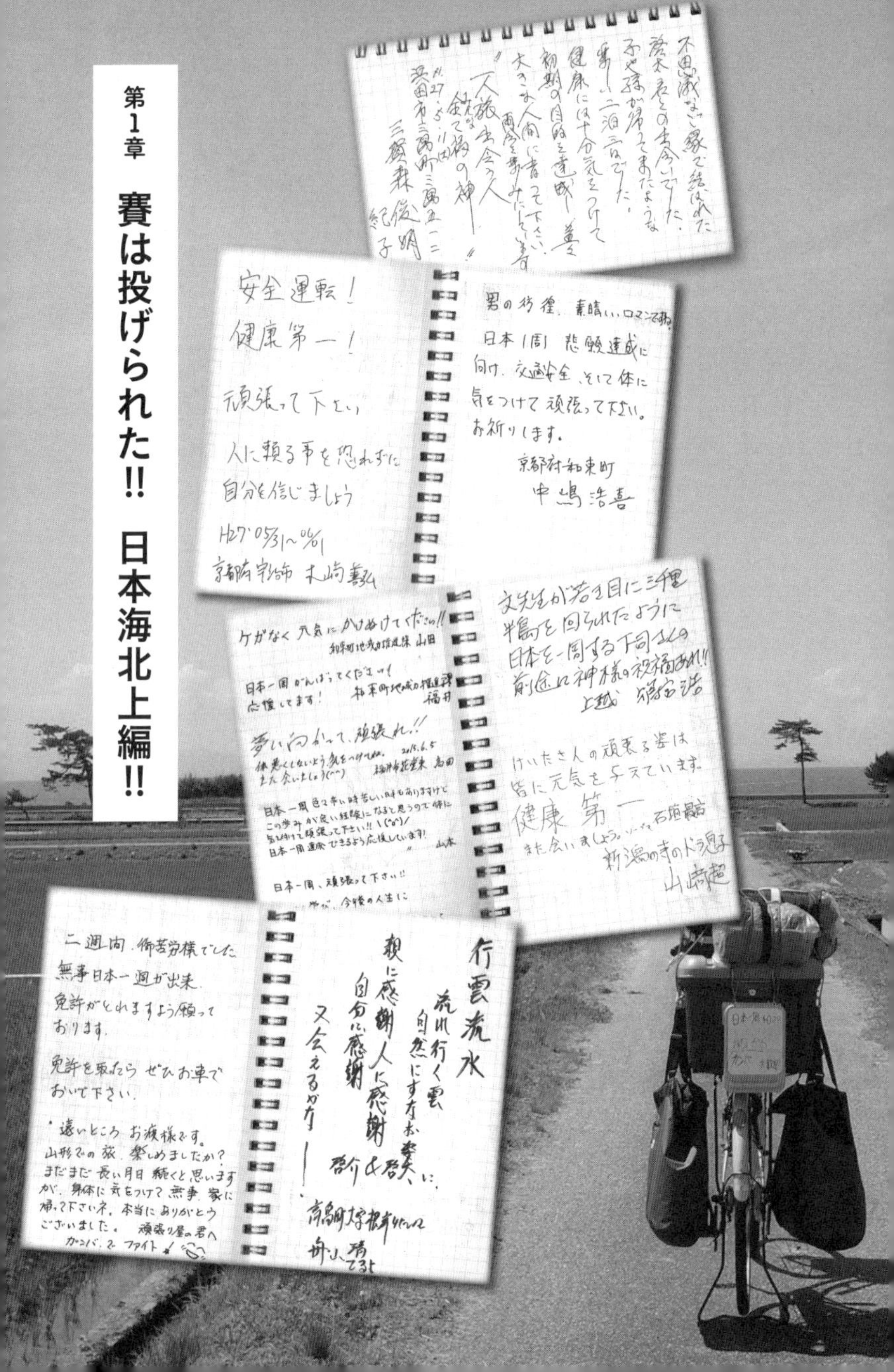

1日目　出発の朝 ……………………………………（2015年5月2日）

2015年5月2日の午前9時過ぎ、今日は相棒のママチャリに乗って、ついに地元の福岡市博多区から旅立つ日だ。これからのルートはとりあえず福岡から日本海側に沿って北上して行こうという感じである。なので最初に目指すは山口や島根のある山陰エリア辺りだ。新品で買った相棒のママチャリに、慣れない手つきで荷造りをしていく。色はあえて目立って盗まれないように、明るい緑色だ。100均の自転車用ロープで荷物を縛ったり、自作のサイドバッグに荷物を分けたりと悪戦苦闘しながら、20分ぐらいの荷造りをしてようやく出発できる状態になった。

「気をつけて行ってらっしゃいね。今度帰ってくるのはいつになるの？」

母がそう聞いてきた。こうやって一人旅が出来るのも、両親が元気なおかげなので、感謝しなくちゃいけない。

「10月ごろかな。それまでには日本一周も終わるはずだよ」と僕。

実際はその倍以上日本一周には日数がかかるのだが、そんなことを現時点の僕は知る由もない。

「野宿する時は気をつけろよ。物騒な場所ではきちんと宿に泊まるんだぞ」と父が言う。

父は当初は僕が「ママチャリで日本一周をする」と言い出したときには、あまり協力的ではなかったが、僕が実際に荷物をそろえたり旅の計画を立て始めてから、徐々に僕の旅を応援してくれるようになった。

「じゃあな」とぶっきらぼうに妹が言う。

六つ年の離れた妹で、もう大学受験を控えた高校3年生だ。仲は良く、お互い結構なんでも話し合う仲である。向こうもこっちに気をつかわないので、たまに生意気なことを言ってきたりもするが、それはそれでかわいいものである。

「そんじゃあ行ってきます！」

玄関を出て、「行ってらっしゃーい」という家族の声を背に受けながら、自宅の駐輪所で待つ相棒のママチャリの元へと向かった。

早速相棒にまたがり、北へ向かうためにペダルを漕ぎ出す。が、なぜかハンドルがグラグラしてなかなかうまく進めない。早速立ちゴケしそうになってしまった。どうやら荷物があまりにも多かったみたいで、それで車体のバランスが取れなかったようである。気まずいが、いったん実家に戻り、荷物を減らす以外に手はなさそうだ。

家に戻ると、案の定妹に笑われた。

「もう一周したんか！　世界記録樹立やな」と馬鹿にされる始末である。

「うるさいんじゃい!!　ウォーミングアップしてきただけじゃ！」と言い返し、荷物をバッグから減らす作業へかかる。しかしどれも必要

国道3号線沿いのルート。これから北九州方面へ向かう

と思って積んだ荷物なので、どれを置いていくか迷うところである。結局30分くらい苦渋の選択の末、地図帳や一部の衣類などを置いていくことにした。荷物を減らしたバッグを付けて再び相棒にまたがってみると、今度は大丈夫そうである。

今度こそ本当に日本一周の旅スタートである。妹の罵倒もこれからしばらく聞けないと思うと、少々寂しい感じもした。

記念すべき最初のルートは、とりあえず国道3号線を走って北九州へ向かうことに決めた。国道3号線は地元の道路ということもあり走りやすく、60キロほど走って夕方ごろには目的地の北九州の公園に辿り着けた。それにしてもママチャリで60キロほど走ったのは初めてで、足は疲れてガクガクであった。

日も暮れて、夕食も近くのチェーン店で済ませたので、近くの公園に行き人生で初めての野宿に挑戦してみることにした。野宿についてはインターネットで下調べした程度で、とりあえず横になれそうな場所で寝袋に包まって寝ていればいいという程度しか認識していなかった。だが実際に寝る前の準備に移ろうとすると、戸惑いも色々出てきた。「誰かに注意されないだろうか」「寝ているところを誰かに襲われないだろうか」「ドロボーにあわないだろうか」など、不安は募るばかりだ。30分くらい本当にここで野宿しようかうだっていたが、それ

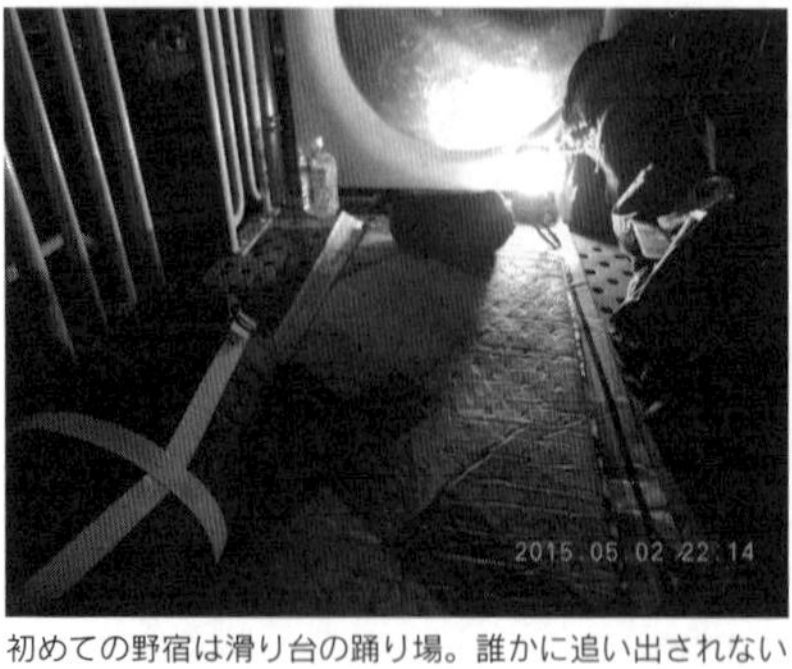

初めての野宿は滑り台の踊り場。誰かに追い出されないか不安でよく眠れなかった

では埒が明かないので半ば開き直って滑り台の踊り場のような場所で横になることにした。

マットを敷いて横になると、なるほど意外と寝心地は悪くない。しかし初野宿ということもあり、緊張してなかなか寝付けず時間が過ぎる。神経質な性分はどうしようもないので、とにかく目をつぶっていると、いつの間にか寝ていた。だが数時間後には己の野宿スキルの未熟さを痛感させられるのであった。

2日目　旅の洗礼　大雨の中、山口へ……………………………(5月3日)

野宿の朝はかなり冷える。こんなことも野宿するまで知らなかったのだ。無知な僕は朝の冷え込みにたたき起こされてしまった。とりあえず何事もなく朝を迎えられたようだ。もう少し眠りたいと寝袋の中でうだっていると、ポツポツと何かが降ってきた。聞き間違えであってほしいと寝袋の中で現実逃避するも、次第にその音はペースを速めていく。やっぱり雨のようだ。僕はまだ完全に疲れの取れてない体に鞭打って飛び起き、出発の準備を始めた。

雨が本降りになってきた頃には、レインコートもまとってどうにか出発できた。後ろのサイドバッグや前かごに積んだザックに防水性は皆無なので、「福岡市」ロゴ入りのゴミ袋に包んでおくことにした。見た目はかなり貧乏くさいが、地元を離れてしまえばこれまでの自分を知っている人もいないので、自然と周りの目もほとんど気にならなくなった。

朝食を摂ってなかったので、近くのコンビニで雨宿りついでにおにぎりを食べていると、地元の人と思われる女性が話しかけてくださった。

「自転車で日本一周してるの？　すごーい（笑）。写真撮ってもいいですか？」

普段は街中で歩いていてもめったに人から話しかけられることなんてないので、ちょっとした有名人になれた気分だ。応援のお言葉もいただいて、雨の中を走る気力も幾分か湧いてきた。

ペダルを漕ぎ進めていると、海上に架かる大きな橋が見えてきた。山口との県境である、関門海峡のお出ましである。しかし橋の上を通れるのは車くらいなので、自転車の僕は橋の下の海中トンネルを通らなければならない。エレベーターでママチャリごと地下へ下りて、１キロ以上の長い道を押して進んでいく。しばらく行くと「山口県」の文字を記したラインが見えてきた。無事ラインを越えて、山口県へと入ることができたのだ。

その後地上へ出て、山口県を東へとペダルを漕ぎ進めていく。依然として雨は降り続けており、どうやら今夜は止みそうにもないので、宇部市のユースホステルに泊まる予約を入れた。

雨の中懸命に自転車を漕ぎ進めていると、レインコートを着ているのになんだか体がだんだん冷えてきた。気温が低いからだろうと思っていたが、それだけじゃないらしい。まさかと思い服に触ると、雨は服の中まで染みており、じっとり濡れていた。このレインコート、実は友達から餞別にもらったものなのだが、どうやらボロだったらしい。無事に旅から帰ってきたら文句を垂れてやろう。とにかくこの場はこのレインコートを着ているしかないので、ずぶ濡れのまま先へとペダルを漕ぎ進める。

ただでさえ寝不足な上に、雨で体力も奪われ、かなりしんどい道のりではあったが、夜になってどうにか宇部市のユースホステルに辿り着けた。ズボンにまで雨が染みてきていたので、ポケットの中のケータイが壊れないかヒヤヒヤであった。

「ようこそいらっしゃい。あら雨でびしょ濡れじゃないですか〜！　今ハンガー持って来るんで、レインコートを掛けてからお上がりくださいね〜」

ユースに着くなり、女将さんがハンガーやタオルを貸してくれた。全身びしょ濡れだったので、早く風呂に入りたい気持ちであった。しかしユースに辿り着くことで頭がいっぱいだったので、途中で夕食の調達をしていなかった。近くにコンビニはないかと女将さんに聞いてみると、車で10分行かないとないという。

雨の夜の中、また自転車で外に出ないといけないのかと思うとかなりげんなりしたが、そんな僕の姿を見て、女将さんが助け舟を出してくれた。

「良かったら時間あるんで、車でコンビニまでお連れしましょうか？」

何とありがたいことだろう。初対面の方に早々甘えてしまうことに

宇部ときわ湖畔ユースホステル。名前の通り建物のそばに湖がある

なるが、僕はありがたく車でコンビニまで連れていってもらうことにした。おかげさまでこれ以上濡れずに無事晩飯が調達できた。

その後は風呂で冷えた体を温め、コンビニの弁当をむさぼるようにして食べた。あまりに体力を消耗していたため、多めに食べたつもりだったがまだ腹五分といったところだった。自転車につけていたサイドバッグを見てみると、どこから雨水が入ったのか、荷物はびしょ濡れであった。おかげでティッシュや紙類がグショグショである。再びげんなりするも、あまりにも疲れていたので、荷物の処理は明日に回してこの日はそのまま布団に倒れこんだ。

4日目　助けられて出来るご縁がある……………………（5月5日）

ユースで一泊した後は天気もからりと晴れていたので、そのまま走ってネットカフェで一泊した（慣れない環境なのでこの日もよく眠れなかった）。

今日の目的地は山口県山口市の道の駅「願成就温泉」。ちょうど山口県と島根県の県境だ。この日も天気はよく、寝不足だが体に鞭打ち走っていく。

途中でケータイの地図を開くと、なんだかグネグネした道を通るように指示される。言われたとおり道をたどると、車1台がやっと通れるような狭い上り坂が現れた。絶対にこの道はヤバイ。直感でそう思ったが、他に近道はなさそうだ。行ってみるしかない。

進んでみると案の定、ひどい上り坂に柵もなく、バランスを崩せば大怪我間違いなしだ。ただでさえ自分の体重より重い自転車を押しているのだから、上り坂ではかかる負荷も大きい。おまけに人の気配もなく、蜂やらアブやら出てくるので、とても生きた心地がしなかった。途中車が通り過ぎようとしていたので、自転車を何とか端に寄せていると、そんな僕を大変そうに思ってくれたのか、車の人が「お昼の残りだけど」と、パンやらおにぎりなどを分けてくださった。自転車を押しながらの上り坂で体力をだいぶ消耗していて、森の中なのでコンビニもなかったため本当にありがたかった。

その後は何とか坂も上り終えて、やっと小さな町まで出てこられた。無事に森を抜け出せるかとても不安だったため、あまりの安心感から泣きそうになっていた。その後は特に苦しい道もなく、どうにか目的地の道の駅「願成就温泉」に到着した。

道の駅にある温泉に入って晩ご飯を買いに行こうと周りを見渡したが、コンビニなんて全然近くにない。道の駅「願成就温泉」は少し山道を上った場所にあるため、山を下りて麓の町まで行かないとコンビニはなさそうだ。距離も3、4キロあるし、暗くて危ない。ここは今まで自分の住んでいた、すぐそこにコンビニがあるなどという都会と

山の中の道をママチャリで押して上る。後にも先にもここまで苦しい思いをしたのはここだけだ

は全然違うのだと痛感させられた。

仕方がないので、誰かにご飯が食べられる場所がないか聞いてみようと思う。しかし普段から知らない人に話しかけることが苦手なので、「突っぱねられるんじゃないか」という、いらぬ不安が出てくる。しばらく悶々と悩んでいたが、空腹で死にたくはないので、思い切って近くの男性に尋ねてみることにした。

「あの、すみません」

「はい」

「ここらでご飯食べられるお店とかあったりしますかね？　晩飯まだ食ってなくて……」

「ここらはないね～。麓まで降りなきゃコンビニはないよ」

やっぱりだ……しかしここでハイそうですかとすんなり引いては、飯にありつけないので、僕は迷惑覚悟で聞いてみた。

「もしよかったらでいいんですが、何か余り物があれば分けていただけないでしょうか。自転車でここまで来ちゃって、暗い山道を下りていくのも危ないんで」

「そうか～自転車で来たのか～……。ちょうどカップ麺あるけど食うか？」

その方は図々しく、かつ計画性のない僕に気前よくカップ麺を分けてくださった。湯沸かし器も男性が持っていたので（僕は当初自炊道具を一切持たずに旅していた）、一緒にラーメンを食べることになった。

彼の名は木崎さん。京都住まいの方で、ゴールデンウィークに車で九州をまわった帰りなんだとか。僕はラーメンをご馳走していただいたお礼に、自分の旅に出た理由や、バイトしてた時の話をした。カップ麺を汁まですすり、体も温まって、僕は助けていただいたお礼を言って、名刺を渡して自分のテントに戻った。

この時渡した名刺のおかげで、翌日木崎さんから「京都まで着たら家に泊まっていきな」とメールが届いた。

物事とは自分の予想とは違う方向に進むことの方が多いものだ。それは悪いことに限らず、いいことにも然りである。世の中には挑戦してみないと分からないことがまだまだあるのかもしれない。木崎さんからのメールにはもうひと言「困った時は恐れずに人に頼ること」と書いてあった。もし木崎さんに助けを求めなければ、このご縁もできなかった。

困った時に少しの勇気を出せば、助けてもらってできるご縁だってあるのだ。

6日目　島根での出会いが本を出すきっかけに……………………（5月7日）

木崎さんと別れ、願成就温泉を後にして、僕は島根県まで進んでいた。島根県は車ですら来たことがなかったので、道路標識の「島根県」の文字を見たときは一種の感動を覚えた。山口の山陽側から島根の山陰側に出てきたため、なんだか昨日おとといより涼しい気がする。

そのまま島根の海沿いを走ったが、お昼時になってもなかなかご飯処は出てこない。何せ結構な田舎だ。近くで畑仕事をしていた男性にここらにご飯を食べられる場所はないかと尋ねる。ここらには飲食店はないそうだ。世間知らずの僕は、図々しくも「余り物でいいので何か食べるものを分けていただけないでしょうか」と尋ねた（旅に出た頃は今よりずっと常識なく、いろんな方に迷惑をかけてしまったなと思っている）。

その男性もまたとても良い方で、「それなら家まで来たら良い。おにぎりくらいならあったかもしれない」と、ご自宅まで案内してくださった。ご自宅はそこから歩いてすぐの場所で、家に着くなり「ちょっと家内に聞いてくるから」と、中に入っていかれた。しばらくして、昼飯をご馳走してあげるから遠慮なく上がってくれと、家に招き入れていただいた。見ず知らずの小汚い男を、何の見返りも求めず親切にしてくれる人が世の中には居るのだなと、身をもって実感した。

お昼はカレーうどんをご馳走になった。見ず知らずの方にここまで良くしていただいたのは初めてで、すごく美味しかったのを覚えている。お陰さまで満腹になれた。

島根の海沿いで記念撮影。友人曰く「田舎のヤンキーみたいだな」

男性の名は三賀森さん。もともと小学校の校長先生だったそうだ。今は定年退職されてご隠居生活を送られている。

そういえばここ数日まともな睡眠を取っていない（よく寝た日でも4時間睡眠）。そろそろ疲れを取らないと、体がバテそうだった。迷惑を承知で、もしよければ泊めていただいて良いかということを聞いてみると、2、3日くらいなら泊まっても良いと、快く承諾してくださった。もう感謝の気持ちでいっぱいだった。

「よければこれから温泉にでも一緒に行かないかね」

三賀森さんからのありがたいお言葉。僕はありがたく連れていってもらうことにした。温泉では1時間くらい湯船につかっただろうか。汚れや疲労が綺麗さっぱり洗い流された。

「晩ご飯は何が食べたいですか？」

三賀森夫人が何でも良いよとおっしゃるので、ありがたく「野菜料理が食べたいです」とリクエストさせていただいた（最近は弁当や外食ばかりで肉料理が主であったため、野菜不足だったので）。おかげさまで、晩ご飯は野菜炒めやら野菜の入ったスープをご馳走していただき、心も体もゆっくりと満たされた。

「汚れた服があったら洗濯機に入れておいてね。後で洗っておくから」と三賀森夫人からありがたいお言葉をいただいたうえ。寝床まで用意していただき、この日はぐっすり布団で休むことができた。

しっかり布団で寝て、疲れが取れるかと思いきや、逆にどっと疲れが出たのか微熱気味の状態で朝を迎える。山陰の朝を甘く見ていたというのもある。もう5月というのに福岡の3月並みに朝は冷える。朝方は寒くて目が覚めてしまった。

朝ご飯をいただきながら、今日は何して過ごそうかと考えていると、三賀森さんが、

「自分の名刺を作りたいけど、作り方が分からないから代わりに作ってくれないか」

と頼んでこられた。僕は自分の名刺を作ったりもしていたので、できないことはないだろうと思い、ささやかな恩返しの気持ちも込めて作らせていただくことにした。自分の名刺を作ったときのことを思い出したり、ネットの記事を参考にしたりして何とかそれらしい物ができた。三賀森さんも出来栄えを見て喜んでおられたので、僕も嬉しかった。

夜になり、夕食をいただいているときに、三賀森さんは、この旅で人の「人情」というものを沢山学んでほしいと僕におっしゃっていた。

「世間を知らない今の若い人たちは、自己中心的な人が多い気がする。でもあなたはあえて就職もせず、世間を広く知ろうと旅をしている。そういう人は積極的に社会貢献できる人になるはずだよ。旅をすると、人情や人とのふれあいで人の気持ちが分かるようになるからね。あなたはこれから日本を

三賀森邸にて。突然すぎる来訪にもかかわらず、孫のように可愛がっていただいた

支える若い人だ。この旅で人情というものを学んで来てほしい。そして今の若い人にそれを広く伝えてくれ」

この言葉によって、僕はいま自分がやっている旅が自分の人生において、大きな意味合いがあるのだなと気付かされた。同時に、これから先もっと素晴らしい出会いや体験があれば、それを多くの人に知ってもらいたいと思うようになった。思えば、この言葉があったから、自分は本という形で皆さんに旅の出会いや体験を伝えたいと思えたのかもしれない。三賀森さんに出会えたおかげで、この旅の「価値」をひとつ知ることができた。

翌日の朝に僕は三賀森さんの家を出発した。急にやってきたのに本当に良くしてもらい、別れるのが惜しいなと思ったが、まだまだ先は長いので、前に進まなければならない。三賀森さんは、何かの足しにと別れ際にカンパまで渡してくださった。「孫が旅立つようで寂しい」と、言っていただき、僕も胸が熱くなる思いだった。ゴールしたらお礼の手紙を書きますと約束し、僕は相棒のママチャリにまたがり、ペダルを踏んで鳥取方面へと向かうのであった。

ここまで良くしてくださった三賀森さんだが、翌朝も「ちゃんと眠れたか」と心配して電話をかけて僕の泊まっていた公園まで駆けつけてくださり、朝ご飯のお弁当まで持ってきてくださった。そして一冊のノートを手渡された。

「君がこれから出会う人たちに一人ひとりからメッセージをもらってくれ。そして旅が終わったらワシにこのノートを見せてくれ。そうすればワシも旅をした気分になれるからのう」

僕は当初、お世話になった方から言われたことを守るという目的だけでこのノートにメッセージをもらった。だが、メッセージが溜まっていくごとにこのノートが次第に自分にとってかけがえのない宝と感じるようになっていた。つらい日にはメッセージを読み返すと、多くの方からの応援の言葉が自分を励ましてくれ、前に進もうという気持ちになった。

その後も三賀森さんとは、よく電話で近況を報告しあった。僕は旅が終わったら本を書きたいと言ったら、「本という形で世の中に恩返しをするのは素晴らしい」と言ってくださりもした。

この旅で一番大きかった財産は、人とのご縁であった。助けてもらったり助けたり（もっとも助けられることばかりであったが）する中で、人と人との絆は深まるのだろう。僕も困った人を見かけたら損得を考えずに手を差し伸べたい。三賀森さんと出会えたおかげで人として一歩成長できたような気がした。

10〜14日目　初めてのパンクと砂漠の山陰エリア……………………（5月11日〜5月15日）

三賀森さんと別れた2日後の5月11日、島根の出雲大社を観光したりなどしながら、僕は東へと向かっていた。

それにしても今日は体がすこしだるい。熱を計ってみると、37度越えの微熱があった。そういえば山陰地方は九州より気温が低かったので、旅の疲れや気温変化に慣れてなかったということもあってか、風邪を引いてしまったみたいである。

仕方ないので、この日は安宿に泊まるために島根の宍道湖を越えて松江まで向かった。ビジネスホテルもたまに格安のものがあり、この日泊まったビジネスホテルも2000円強ほどの値段で済んだ。

2日後の5月13日、この日はチャリ旅の通過儀礼ともいえるパンクに見舞われてしまった。釘やガラスが刺さってのパンクならまだ言い訳が立つのだが、空気の入れすぎが原因でパンクしてしまったのだから完全に自滅行為である。

しかし習得したパンク修理技術がついに生かされると、高揚する気持ちもあった。だが修理するためにチューブをタイヤから取り出すとその気持ちは一気にさめた。

パンクの穴がでかすぎたのである。針やとげで空いた穴くらいならパッチを貼ってどうにかなるのだが、今回のは穴が開いているというよりは破けているという状態で、100円玉が入りそうなくらいの大きさに裂けていた。これではとてもパッチで修復するなんて不可能なので、仕方なく自転車屋で修理してもらうことにした。幸い5キロ圏内に自転車屋があったので歩いてそこに向かい、チューブは修理できる状態ではなかったので新品と交換という形になった。おかげで自転

島根の海に沈む夕日。ちなみに写っている人影はただの通行人

車も無事漕げるようになったが、次からは空気の入れすぎには気をつけようと肝に銘じるのであった。

17〜31日目　大阪観光と木崎さんとの再会　（5月18日〜5月30日）

三賀森邸からは、鳥取砂丘を見に行ったり姫路城を見て大阪入りした。ここから約1週間ほど、大阪に住んでいる同じ大学の先輩の家でお世話になる。同じ大学といっても、僕の直接の知り合いの先輩から紹介してもらった方なので、会うのは初めてだ。それにしても大阪は人通りが多く、自転車の運転も荒い。僕だったらぶつかってしまいそうな歩行者の間を、ナニワのおばちゃんたちはスイスイと潜り抜けていく。自転車の運転技術はおばちゃんたちのほうが上なのかもしれない。夜に先輩と待ち合わせしていたので、それまでしばらくマックで時間を潰す。

しばらくして、先輩のタケオさんが来られた。大阪名物の串カツをご馳走してもらい、4畳半より少し広い部屋に泊めてもらえた。これで安心して大阪観光ができる。

タケオ邸に滞在している間は、道頓堀に行ったり、国立博物館を見

大学の先輩タケオさんと串かつ屋にて

たり、大阪城に行ったり、大阪の有名観光地は大体回った。途中ちょっとしたアクシデントもあった。何と停めていたチャリが撤去されていたのである。

撤去されたのは大阪の都島辺りで、近くには月額会員にならないと停められないような駐輪場しかなかったため、一日だけと思い、停めていたのだが夕方戻ってきてみるとなくなっていたのである。あわてて大阪の自転車撤去の業者に問い合わせる。

「コンテナボックスをつけた緑のママチャリ？　ああそれらしいのが確かにうちに運ばれてきたね」

やっぱり撤去されていた。しかし撤去でまだよかった。盗まれていたらそれこそどうしようもなかった。安心感と同時に、鍵を柵と車輪にくくりつけていたのに、鍵を切断してまで自転車を撤去する業者に、憤りを感じていた。しかし自分にも非はあったと思い、今後気をつけるようにしよう。

翌日新しい鍵代と自転車引き取り料を支払い、無事相棒を奪還した。一通り観光し終えたので、タケオ邸を出ることにした。1週間ほどお世話になったタケオさんにもお礼を言って、荷物をまとめて大阪を出る。次に目指すは京都だ。そう、山口で会った木崎さんに会いに行くのだ。木崎さんの住んでいるところはタケオさんの所から40キロほどしかなく、4時間ほどで着いた。

久々に会った木崎さんの髪は、最近散髪に行ったようでさっぱりしていた。自宅にお邪魔すると、木崎さんのご両親に歓迎され、夜は近くの銭湯に連れていってもらった。久々に長く湯に浸かれたので、体の疲れがだいぶ癒えた。風呂上りには、ジュースまでいただいた。ここまでされてばかりだと、感謝を通り越して申し訳ない気にもなってくるが、木崎さんは「遠慮せんといて」とあっさりした感じで言う。ただただ感謝することしかできない僕は、自分も他の旅人に会ったら、できる限りの接待をしようと心に誓うのであった。

木崎さんの家では3日ほどお世話になり、その間に赤目四十八滝という場所に連れていってもらったり、近くの和束町という場所に遊びに行かせていただいた。そこで役所の方々と記念撮影をさせていただいたり、木崎さん行きつけの整体院に連れていってもらったりなど、京都滞在中もずいぶんお世話になってしまった。

しかしどうして木崎さんは出会って間もない僕にここまでしてくださるのだろう。僕は思いきって聞いてみた。

「それは啓太君が遊びではなく、しっかりした目的を持って旅しているからや。目的を持っていたから、同じ旅好きとして、その気持ちに協力したくなったんやろうな」

僕は自分のやっている旅が認められた気がして、安心感と嬉しさを感じた。情熱には、人を動かす力があるのかもしれない。僕も木崎さんのように、誰かの熱い想いに応えてやれる人になろう。

最後は木崎さんのお父さんに軽トラにチャリを積んで一緒に滋賀の琵琶湖近くまで送ってもらった。木崎さんだけでなく、ご家族の方々にまで散々お世話になってしまった。本当にありがとうございました。

木崎さんご家族と記念写真

34〜40日目　目指せ東北!!　暑さを乗り越えて……………………………（6月4日〜6月10日）

木崎さんと別れた後は、再び日本海側に出て、順調に北上していく。滋賀、福井、石川、富山などは小さな県なので、比較的短時間で移動できた。

この頃から気温もだいぶ暑くなり、夏バテにかかることが何度かあった。夏バテになるとただでさえクソ暑いのに体が火照って微熱状態に陥る。これも旅で初めての経験だった。ついこの間までは1リットルのスポーツドリンクで足りていたのに、この日からは2リットルのスポーツドリンクを持ち運ばなければならなくなった。当然その分重くなるので、疲労も増えるが背に腹は代えられない。

野宿は蚊が嫌なので毎回テントを張っていたが、テントの知識も皆無で旅へ出てきたので、フライシート（雨よけシート）をかけたままテントで寝ていた。カッパと同じ素材なので、雨や寒さには強いが夏に付けたりなどしたらテントはたちまちサウナ状態になってしまう。もちろんとても寝られたものじゃなかった。全身汗びっしょりでテントの中でのた打ち回っていたのだから、寝ていたというより気絶していた状態に近かったと思う。そりゃ寝不足で夏バテになるわけだ。さすがにそれからは学習して、夏に寝るときはフライシートをかけないようにしていた。だがシートを掛けなかったら掛けなかったで、朝の気温は冷える。毎朝5時から6時には寒さで強制的に目覚めていた。

こういうことが増えると野宿も億劫になってきて、お寺以外にも教会に泊まるようにしていた。旅用に作った自分の名刺を持っていたので、それを見せて身分を明かし、今日だけ部屋の隅でも良いので泊めてもらえないかと交渉した。

そんな時はいつも事前連絡はせずに直談判だった。そっちのほうが断られないような気がした。もちろん断られたらすぐ引いていたが、どちらかというと受け入れてくれるほうが多かった。訪ねた教会には、僕とそんなに年の変わらない信徒さんもいらしたので、自分のやっていることを話したりすると、みんな興味津々で聞いてくれる。そうすると僕も得意げに話してしまい、いけないと思いつつもどこか有頂天になっていた。

何せ他の自転車旅をしている人にもまだ会ったことはなく、他の旅人の武勇伝なども知らなかった。ほとんどの旅人は、安全面や環境のよさから道の駅に泊まることが多いみたいだが、僕はどうにも道の駅が苦手だった。寝ているときに近くで人が通ると気になるし、停まっている車のエンジン音がうるさくて眠れないことが多かった。だから寝るときはいつも人気のない公園を選んでいた。

福井に入ってからは、国道8号線を走り続ける。比較的走りやすい道だった。この頃はまだ3、4日に一度は民宿などに泊まるようにしていた頃だったので、その日も安そうな民宿を見つけて泊まることにした。グーグルのレビューを見て、泊まる民宿を決める。到着してチャイムを鳴らすと、女将さんが現れた。

「ウチは素泊まり4000円だよー。ご飯を付けると6000円だよー」

素泊まり4000か……明日雨なので2泊するからもう少し安くできないか女将さんに聞いてみる。

「なら朝と晩飯付きで4500円はどうだい？　安いだろ？」

なるほどそれなら安い。しかし野宿すれば0円ということを考えると少々もったいない気もするが、ここは健康第一だ。この日はあいにくの雨で、夜露をしのげそうな場所も見当たらなかったので、ここはケチらず飯付き4500円で泊まることにした。

「それがええそれがええ。さあどうぞ上がってください」

無事交渉成立だ。だがホテルや旅館ではこうはいかないだろう。こぢんまりとした個人経営の民宿が、交渉に応じてくれやすい。荷物を部屋に移して風呂に入り旅の疲れを癒し、晩ご飯をいただく。晩ご飯は焼き魚や煮物など、和食の料理がてんこ盛りだ。

「ご飯はいくらでもお代わりして良いからね」

女将さんのありがたい言葉に甘え、僕は腹にもうこれ以上入らないというくらい米をかきこんだ。おかげさまで満腹になり、ぐっすり体を休めることができた。

翌日もう一泊して、体の疲れもしっかり回復したので宿を出発する。優しい女将さんに「また来てね」と見送ってもらい、次の目的地へとペダルを漕ぎ始めた。

石川県に入った時は、ちょうど地元で金沢百万石祭りが行われていた時期だった。とりあえず金沢21世紀美術館というのがあったので、ちょっと観光しに行ってみる。祭りの影響で人がすごく多かったが、絵よりはオブジェの美術品が多い場所で、どれもユニークな作品ばかりだった。

しばらくすると日も暮れ、僕の苦手な夜が来た。近くに教会があったので、泊めてもらえないか聞いてみる。すると教会長さんが良い方で、

「それなら私の家に泊まるといい。ちょうど単身赴任で一人暮らしだし」

と言ってくださった。非常にありがたかった。これでゆっくり金沢城を見たり兼六園も見られる。晩ご飯は教会の方々と一緒に食べさせていただいた。やっぱりご飯は一人で食べるより複数人で食べたほうが美味しいし楽しい。その後は教会長さんのお宅でゆっくり休ませていただいた。

翌日6月7日は教会長の自宅に荷物を置かせてもらって、金沢城や兼六園を観光しに行った。どちらも外国人が多く、人がごった返していた。このような観光地や公的施設では、身体障害者手帳が役に立つ。手帳を提示すれば、大体半額か無料のどちらかまで値下げされる。この左手のおかげで旅が楽しくできているといっても過言ではない。どちらも日本庭園が広がっており、日本独特の文化が際立っていた。

この日の昼食はキムチ牛丼にした。普段でも動き回っているので、スタミナ系の料理でないと食った気がしないが、自転車旅をしている今はなおさらだ。食べ物がガソリン代わりなので、いくら食っても腹が減るのだ。

お世話になった教会長邸を出た後は、富山県に入った。ここ数日間

金沢城庭園。のどかな雰囲気だ。ご老人の団体らも多く来られていた

は誰かの家か民宿に泊めてもらうことばかりだった。テント泊ができなくなっては大変だから、そろそろ野宿にもどろう。

泊まれそうな公園を見つけたので、その前に風呂に入ろうと銭湯を探すが、あいにく近くの銭湯は閉まっていた。そもそも銭湯というのをあまり見かけない。昔はもっと多かったみたいだが、今じゃ風呂なしの家だって滅多にないから、だいぶ数も減ってしまったのだろう。時代の流れなのかもしれないが、自転車旅の僕からしたら、なかなか困る現状だ。

仕方がないので、荷物に入れてたホースを公園の水道蛇口にくっつけて、水浴びすることにした。まだ夕暮れ時だったので、人もいたが、水着を履いて水浴びした。時折ちらほらこちらを見る人もいて、通報されないかと心配だったが、幸い何事もなかった。

おかげで体もさっぱりとした。汗をかいたままだと、あせもになったりして厄介なので、夏では毎日のお風呂は欠かせない。ママチャリで坂を上って汗だくになったらなおさらだ。

食事を摂って、公園に張っていたテントに戻ってみると、近くの運動場で子供たちがテニスの練習をしていた。声がうるさくて眠れないのではないかと心配していたが、1、2時間の間に眠りについた。

富山県から見た日本アルプス。自転車で走りながら見る景色は絶景だった

41〜48日目　東北突入編……………………（6月11日〜6月18日）

41日目の朝は、公園にての起床だ。毎日の歯磨きは公園の水道でしている。

僕は毎朝の行動がとても遅い。今日なんか朝5時に起きて、朝8時にやっと荷物をまとめて公園を出た。朝が弱いというのもあるが、テントを畳んだり寝袋を詰めたりしてるとどうしても時間がかかってしまう。時折、左手があればテントをもっと早く畳めるのかなと考えてみたりもしていた。

今日はいよいよ新潟県に入る。別に新潟に何かアテがあるというわけではないが、新潟県は次の山形まで距離の長い県なので、走り抜けるためには3、4日以上はかかりそうだ。

ルートを走っていると、親不知が現れた。親不知は新潟の糸魚川の国道8号線沿いにある、峠道だ。峠を越える時は、いつもママチャリは漕げないので押して上っている。距離も、峠を越えるまで2、3キロほどあり、日も照っていたので、ときどきある日陰に逃げ込んで水分を摂り、また押しては休憩を取る、の繰り返しだった。トンネルの中が一番涼しいのだが、狭いスペースに車がたくさん走って危険なので長居するわけにもいかない。トラックの交通量がとても多い場所で、誤って道路側に転倒すれば大きな事故を起こしかねないだろう。もし僕に普通の左手があれば、ハンドルのバランスをとりやすくて、立ち漕ぎも容易になるのかもしれないが、安全第一と思い、危険な場所での立ち漕ぎは極力控えた。猛烈な勢いで通り過ぎるトラックの横で死の恐怖を感じながら、どうにかこうにか峠を越えた。

峠を越えた後は、雨が降りそうな空模様だったので、糸魚川の町に着いて民宿を予約する。痛い出費だが、濡れるのは嫌なので、おとなしく泊まることにしよう。

まだ宿のチェックインまで時間があったので、近くに何か時間を潰せそうな場所がないか探していると、「フォッサマグナミュージアム」なるものがあると見つけた。なんでも天然石の資料館だそうだ。距離は4キロほど。すぐ着きそうだ。

だが距離こそ短いものの、高低差は大きかった。ほとんど上り坂だったので、自転車を押して上るしかない。

クロスバイクやロードバイクなら、斜度6%の上り坂だってスイスイ行くのだろうが、ママチャリは斜度3%辺りの上り坂から、ペダルが重すぎてもう漕ぐことなんてできない。一応僕のママチャリはギアが3段までついているのだが、3のギアなんてめったに使わないし、1のギアにしても上り坂が辛いことに変わりはない。ただひたすら前に向かって自転車を押していくしかないから、なかなか根気の要る道のりだ。まるで筋トレをやっているかのような錯覚に陥る。

腕の筋肉を酷使し、汗だくになりながら、どうにかこうにかフォッサマグナミュージアムに着いた。

フォッサマグナミュージアムへの道のり。ママチャリ故に、坂での苦労は多い

もうこんな坂上りたくないと、坂を上る度に思っていた。

フォッサマグナミュージアムでは、鉱石や天然石がたくさん展示されてあり、これまで行った資料館の中ではかなりお気に入りの場所だった。

十分に資料館を堪能した後は、民宿へチェックインし、旅の疲れを癒す。宿の食事は高くつくので、近くのコンビニで適当なものを買って済ませる。しかしコンビニ弁当ではなかなか腹いっぱいにはなれない。やっぱり自炊にしたほうがよかったかな？

翌日は朝から雨が大降りだった。宿に泊まった甲斐があった。さすがに2泊は金銭的につらいので、合羽を着て、先に進むことにした。

「雨がひどいから気をつけてねー。これお昼に食べて」

チェックアウト時に、宿の女将さんがおにぎりを銀紙に包んで僕に渡してくれた。旅をしているといろんな人から餞別やカンパをもらうことが多くなるが、やはりいつでもそのような心遣いは大変ありがたい。特におなかがすいてハンガーノックしそうな時におにぎりなんて渡されたら地獄に仏状態である。もらえて当たり前になるのではなく、いつでも感謝の心を忘れずに受け取るのが人として大切なことなのだと、自分によく言い聞かせていた。

ありがたくおにぎりをいただき、女将さんに見送られながら雨の中

展示されている天然石ら。宝石より個性が強くて僕は好きだ

ペダルを漕ぎ始める。海沿いの道を走っていたので、海が荒れていて、風も強い。トラックもビュンビュン来るから、バランスを崩さないようにしなければ……

しかし走りながら段差を横から乗り上げようとしたところ、雨で段差を滑ってしまい、バランスを崩した僕と相棒はガッシャーンと、大きな音を立てて転倒してしまった。幸い大きな怪我はなく、後ろから車の来てないタイミングだったので大事に至らずにすんだ。もし車が来てるタイミングに道路側に転倒していればただではすまなかっただろう。

しかし、自転車に乗ろうとするとどうも何か引っかかっているようでうまく進まない。前輪辺りをよく見てみると、ブレーキ部分が曲がってタイヤに引っかかっている状態だった。さっきの転倒時に曲がってしまったのだろう。しかしこれは困ったぞ。パンク修理ならまだしも、こういう工具系の修理は僕みたいなど素人ではどうしようもない。それに見渡したところ、ここは漁師の港町であり、幸い人はいるものの自転車屋さんなんてない。自分の力ではどうしようもない状況だったが、とにかくここでじっとしてては埒が明かないと思い、近くの雑貨屋さんに、この辺りに自転車屋さんがないか聞いてみた。

「ここいらはちょっとないねー。ちょっと探してみようか

雨の中見かけた神社？のような島。どんなご利益があるのだろう

い？」

お店のおばちゃんはそういうと、メモ帳とケータイ電話を取り出し、この近辺の自転車屋さんに電話をかけ始めた。3軒目くらいで、出張修理に出向いてくれるという自転車屋さんが見つかった。この時は本当に助かった。正直どうにもならないのではないかと諦めかけていたが、世の中なんでも言ってみるものなのだと実感した。

しばらくして、自転車屋さんが軽トラで港町まで来てくれたので、雑貨屋のおばちゃんにお礼を言って、チャリを軽トラに載せて自転車屋まで運んでもらった。そして壊れたブレーキ部分を交換してもらい、無事走れるようになった。

思わぬアクシデントで、時間をとってしまったが、自分の力ではどうしようもない部分を助けていただき、自転車屋さんと雑貨屋のおばちゃんには感謝でいっぱいだった。今度は転ばないように慎重に進んでいく。

途中道の駅があったので、そこで昼食を摂ることにする。ご飯を食べて出ようとしていると、「何処から来たの」とおばちゃんが話しかけてきた。よく聞かれることなので、普通に答えていると「私の家がもう少し行った先にあるから、そこの近くに来たら泊めてあげるよ。連絡ちょうだいね」と思わぬ申し出があったので、それならと僕は一応名刺を渡しておいた。この時点では泊まれることはあまり期待していなかったが、後に泊めてもらえることになるので、さっきの転倒した件といい、旅ではいいこと悪いこととも何が起こるか分からないものだ。

その日は雨も降りそうだったので教会に泊まることにした。近くの教会に寄ると、2階の講話室なら使わないから寝床にして良いよと快く受け入れてくださった。荷物を置いてゆっくりしていると、教会の方が一緒に食事に行かないかと誘ってくださったので、ありがたくホイホイ付いて行った。日本には悪い人よりいい人のほうが多いのかもしれない。事実これまで旅ではいい人ばかりしか見かけていない。おかげさまでこの日は食事にもありつき、屋根の下でゆっくり休むことができた。

翌朝の6月13日、起きてケータイを見ると、知らない番号から電話が来ていた。気になってかけてみると、昨日の道の駅で会ったおばちゃんからだった。

「今どこまで進んだのー？　寺泊ってとこに着いたら迎えに行くから連絡ちょうだいよー」

正直ほんとに泊めてもらえるなんて期待していなかったが、おばちゃんからの電話のおかげで先に進む楽しみがまた増えた。この日は6月も半ば近くになっていたので、とても暑かった。全身をじりじりと日に焼かれながら、アップダウンの坂を繰り返して上っていたが、明日はおばちゃんの家に泊まれることを考えると、まだまだいけると思いながら、体を前へと進めていた。

翌日は、やっと新潟の寺泊まで進んだ。寺泊は港町で、魚市場や、魚料理の店が海沿いに豊富に建ち並んでいる。イカ焼きの美味しそうなにおいが食欲をそそる。

寺泊に着いたことを道の駅で会ったおばちゃんに連絡して、待っているとしばらくしてお父さんも一緒に車に乗ってやってこられた。

「お昼まだ食べてないじゃろう。一緒に食べに行こうか」

お昼ご飯は、貧乏旅ではなかなか食べられないような、豪華な海鮮定食をいただいた。ただ自転車旅をしているだけなのに、こんな美味しいもの食べさせていただいていいのだろうか……。

その後は少し寺泊を観光して、おばちゃんの家へと自転車も車に乗せてもらい、向かうこととなった。しかし自転車が分解なんてできないため、車にうまく入れるためにだいぶ苦労した。ハンドル部分が引っかかったり、タイヤがうまく入らなかったりなど四苦八苦したが、何とか自転車を車に詰め込むことに成功し、おばちゃんの家に向かうこととなった。おばちゃんとだんな様の家は新潟の田舎町にあり、車で小一時間程度で着いた。

部屋でゆっくりさせてもらい、お菓子をいただいたりして、お風呂に入らせてもらった。前日は風呂に入ってなかったので、汗や埃でべとべとになった体が綺麗になっていくのはなんとも言えない快感だった。

風呂から上がって、夕食までまだ時間があったので、庭の草むしりを手伝わせてもらった。花を植えているので、それ以外の雑草を駆除してほしいとご主人。草をむしっていると、ぷーんと聞き慣れたいやな音が耳の近くでする。そうかもう蚊が出てきたのか……。これからの野宿はよりいっそう過酷さを増しそうだ……。

寺泊の魚市場。観光スポットとしても有名だ

晩ご飯はとんかつだ。久々のご馳走に僕の腹も踊りだす。おまけにご飯は、新潟のお米だから贅沢である。これでもかというくらいお米を腹に掻きこみ、満腹感を睡眠剤代わりにして、この日はぐっすりと休んだ。

こちらのおばちゃん宅では、結局4泊もさせていただいてしまった。急ぐ旅でもなかったし、居心地もよかったので、思っていたよりお世話になってしまった。滞在の間は、近くの公園に資料館があったので観光しに行ったり、少し離れた道の駅へおばちゃんと買い物に出向いたりと、のんびり過ごさせてもらった。

島根で出会った三賀森さんからいただいたノートにも、嬉しいメッセージを書いてもらった。

「4泊5日でしたが三男を手放すような感じです。『やわ』のように見えるが啓太君は強い。優しい思いやる心を持っているネ！　体を大事に最後まで頑張ってください。とにかく体を考えて。今度来る時は家族を連れて車で来てネ！　27年6月18日」

これからのルートは山形に向かうので、旅立ち際も途中まで車で送っていただいたりして、最後までお世話になってしまった。山形では、これから1カ月近く滞在することとなる。縁もゆかりもない地になんでそんなに居たのかって？　それは次の項目でじっくりお話しましょ

道の駅で声を掛けてくださったおばちゃん邸へ。だいぶゆっくりさせていただいた

う。

49〜69日目　山形で自動車学校合宿!!　@米沢……………………………（6月19日〜7月9日）

「山形の合宿で自動車免許を取ろう！」

そう思ったのは、旅に出る前の、今年の4月辺りだったと思う。ちょうどまだ自動車免許を持ってなかったし、山形の自動車学校はAT限定で寮費と朝晩の食事つきで20万円ほどだった。それに、旅の途中に青森のねぶた祭りに行きたいという計画もあったのだが、ねぶた祭りは8月の2日からで、実際旅に出てみると山形は7月どころか6月半ばに到着してしまった。これでは1日30キロしか進まないと考えても青森に早く着きすぎてしまうし、仮に先に北海道を回って青森へ降りてくるとしても、相当せかせかしないといけないし、多分無理だろうと思っていた。そこで思いついたのがこの自動車学校合宿だ。ねぶたに向けていい時間つぶしができるし、安く免許も取れる。これから梅雨の時期にもなってきそうなので、それもやり過ごせる。一石二、三鳥くらいはあるのではないだろうか？

しかしこの名案にもリスクはある。仮免許試験があるのだが、これに3回落ちると自宅へ強制送還されるのだ。詳しくは覚えてないが、地元の免許センターに許可をもらって再度出直して来いという内容だったと思う。つまりもし3回仮免許試験に失格すれば、この旅はオジャンになってしまう。それだけは事故や病気で中断なんかよりもあまりにも格好がつかないので、なんとしても合格せねば……。

もうひとつは、仮に合格してもすぐには運転出来ないのである。ちゃんと運転免許証を手に入れるためには、合宿で試験合格後に、1年以内に地元の免許センターにてペーパー試験をクリアしないといけないのである。つまりこの合宿では、あくまで技能試験までしかやってなく、地元の免許センターでペーパー試験をクリアして初めて免許皆伝となる。それでも仮免許証は合宿の試験をクリアすれば発行されるので、車で隣に運転歴2年以上の人がいれば普通どおり運転は許される。

リスクもそれなりにあるが、ハイリスクハイリターンだ。試験をクリアしてねぶた祭りに行けることを信じて、合宿所へペダルを漕ぎ進めるのであった。

新潟でお世話になったおばちゃんと別れて山形の米沢という米沢牛で有名な場所まで来た。だいぶ田舎町だったが、これなら運転もしやすそうだ。自動車学校に着いたので早速挨拶へと向かう。外に教員らしき人がいたので早速声をかけてみた。

「こんにちは〜、自動車学校の予約をしてた下司ですが……」

「自転車で福岡から来たのかい？」

山形に自転車で来た。さくらんぼが有名みたいだ

教員さんはびっくりというより、不審げな目で僕を見ていたが、学校に伝えてくるといい、校内に入っていった。不審げに見られるのも無理はない。ママチャリで福岡から山形へ来たなんて普通じゃ考えられないだろう。

しばらくして、入校の手続きをしましょうと戻ってこられたので、一緒に校内へと入った。

しばらくすると学校長さんが挨拶に来られた。名刺を見ると温泉旅館も経営されているみたいだ。自分の温泉旅館を学校の寮として使えるから、授業料も安くできるという納得のシステムだ。ちなみに旅館は山形の赤湯という、有名な温泉街に建ててある。なかなか贅沢な学生寮でびっくりだ。

しかしここでひとつ問題点に気付く。予定より早く着きすぎてしまったのだ。予定では7月の頭あたりに自動車学校に着けばちょうどねぶた祭りに間に合うという計算なのだが、到着した今日はまだ6月19日。10日以上早く着きすぎてしまった。遅れるよりはましだが、こうも日にちが余ると時間を潰すのも一苦労だ。

「もう今日から入校すれば良いんじゃないかい？」

校長は僕にそう促すが、そうしても結局ねぶたまで余った日数が自動車学校の後に繰り越されるだけなので、もうここで余分な時間は消化しておこうと思った。

「入校まで安く旅館に泊めていただけないでしょうか？　それまで山形の街を観光してみたいので」

校長はうーんと考えて、１日３０００円ならいいよと言ってくださった。

僕もそれで承諾した。温泉旅館に素泊まり３０００円は破格の安さだし、泊まれる拠点があれば、観光もしやすくなる。ここはあせらずに、ゆっくり山形を観光するとしよう。

　とりあえず1週間は安く旅館に泊めていただき、それから入校という形で話はまとまった。学校の試験をスムーズにクリアすれば最短2週間で卒業できるので、授業はその分スケジュールにぎっしり積み込まれている。それなりに復習やらしておかないと、置いて行かれそうだ。

　旅館の住所を教えてもらい、自転車でさっそく旅館へと向かう。赤湯まで来ると、硫黄のにおいや、無料の足湯などが目についた。赤湯に来てすぐ、目的の旅館に到着した。

　旅館は綺麗な木造の建物といった感じで、ロビーも和風な感じで非常にオシャレだった。個室に案内され、荷物を持って上がる。自転車に積んでる荷物は一度で持てる量じゃないため、何度も荷物を取りに行かないといけないところが少々面倒だ。

　部屋はちょうどよい広さで、布団や冷蔵庫もあるので、ゆっくりできそうだ。

　近くで観光できそうな場所を調べてみたところ、蔵王という山にある、お釜という火口に溜まった湖が有名みたいだ。綺麗な緑色の湖らしい。明日あさっては天気が良くないみたいなので、3日後に蔵王に行って見ることに決めた。

　そして3日目、天気も晴れ晴れしていたので、僕はここぞとばかりに相棒にまたがり、蔵王へと繰り出した。出発してから2時間ほどで、頂上まで後10キロくらいのところまで来た。いいペースだ。これならあと1時間ほどで頂上に着くだろう。

　しかし予想とは裏腹に、上り道がずっと続き、それは次第に山道へとなっていった。なんてこった。

地図で見て大したことないと思っていた山道は、相当険しかったのである。この坂ではママチャリは押すしかなく、日差しも強くなってきて、じわじわと暑さと疲労で体力を削られていく。辺りに自販機なんてない。しかしここまで来て尻尾を巻いて逃げるなんていくらなんでも悔しすぎる。どうしようか迷っていると、レストランが上り坂の途中に見えてきた。時刻は昼を過ぎていて、昼食もまだだったので、とりあえずここらで昼飯を摂ることにした。

店内は暑い外とは別世界で、とても涼しく、天国とさえ錯覚してしまった。お客さんもそれなりに入っている。食後に店員さんに蔵王までの道のりを聞いてみる。

「これからは今以上に長く険しい上り坂がつづくよー」

そんなぁ!!　これでは自転車で蔵王まで上るのは絶望的だ。仮に体力が続いても、山頂に着く頃には日も暮れているに違いない。どうしようもない状況だったが、前に山口で最初にあった木崎さんの「困った時は人に頼りなさい」という言葉を思い出した。多少気は遣うが、自分の力ではどうにもならなさそうだったので、近くに居たご夫婦に声を掛けてみることにした。

「こんにちは。これからお釜まで行かれるのですか？」

「そうですよ」

「僕自転車でここまで来て、これからお釜まで行こうと思ってるのですが」

「はぇ～それはそれは……」

「でもこれからさらに上り坂はつらくなるらしく、ヤバイなと思ってまして……」

「まぁー自転車じゃえらいことですなー」

「自転車でこれ以上上るのは無理そうなんで、もし良かったら山頂までご一緒に車に乗せてっていただけないでしょうか？」

「ああ、かまいませんよー」

おお!! 何とありがたいことだろう!! どう考えても不可能だった状態が、たったひとつの勇気で可能になるのだと改めて学べた。お礼を言って、早速車に乗せていただいた（自転車はレストラン駐車場の隅に停めさせてもらった）。

乗せていただいたご夫婦は、車でお釜へ観光に行く途中だそうだったので、ついでということで運よく乗せていただいた。車のフロントガラスからは、「これでもか」というくらい上り坂が飛び込んできて、バックミラー越しに流れていく。改めてママチャリで上らなくてよかったなと感じた。次第に脇に生えている植物の背丈が低くなり、雲も低く浮いているように感じてきた。だんだん山頂に近づいてきたようだ。

ついに山頂に到着して、車から降りたところ、さっきとは全く違う気温を肌身ですぐ感じた。ここは標高２０００メートル近く。気温もだいぶ低かったのである。さっき自転車を押して坂を上ったときにか

お釜での記念撮影。まだ背後の山には雪が残っている

いた汗が冷や汗になる。初夏なのに体感温度は12、13度といったところだった。

僕とご夫婦は身震いをしながら、早速お釜のほうへと向かう。ここまで来ればもう後は道をたどっていけば5分そこらでお釜が見えてくる。途中休憩センターがあったのでトイレを済ませて、お釜へと足を進める。大地と空しか見えない見渡しのいい景色を歩いていくと、ぽっかりと地面に開いた大きなくぼみが見えてきた。あれがお釜か。

お釜の周りには柵がしてあり、200メートル以内は近寄れないような形になっていた。何せお釜とは火口に酸が溜まっているのだから、酸自体も危ないし、噴火も絶対ないとは言い切れない。もちろん酸の池なので生き物は一切住んでいない。お釜は綺麗な深緑色をしており、緑色の湖のような感じであった。

「お釜は気候や日照条件なんかで色が変わるから、何度見に来ても飽きないんだよ」

旦那さんはそうやって僕に教えてくれた。もう何度も見に来ているといっていた。冬になると寒さで凍って白くなったお釜が綺麗なんだとか。

その後はご夫婦と一緒に記念撮影もさせていただき、もとのレストランまで送っていただいた。僕はご夫婦にお礼を言って、相棒の自転車にまたがり、帰り道に向かった。帰り道はずっと自転車を押しながら上ってきた道を下ったので、爽快感に満ちていた。5分か10分くらいはずっと下り道を走っていたと思う。旅館に帰ってからは、疲れていたので温泉につかってすぐ休んだ。

その数日後、自動車学校の寮に移動して自動車学校に入校した僕は、「仮免試験に合格しなかったら自宅強制送還」というこの旅最大の危機を何とか切り抜けて、無事仮免許を取得した。ちなみにこのときの相棒はマツダのアクセラだった。

その後どうにかこうにか技能検定も終わり、無事に山形の自動車学校を卒業することができた。だが免許は仮免許のままなので、いずれにせよ福岡に帰らないとまともに運転はできなさそうだ。無事卒業なので、寮の荷物も自転車にまとめて出発の準備をする。寮の女将さんからも温かいメッセージをいただき、「今度来る時は車で来てね」と言っていただいた。

70〜73日目　東北北上!!　目指せ青森へ!!……………………（7月10日〜7月13日）

自動車学校を出発してから、あるご縁があり、船山夫妻に数日お世話になった。きっかけは、以前自動車学校に入学する前にお釜に上ろうとした時に、車で頂上まで乗せていただいたご夫婦の紹介である。僕が無事に宿に帰ったあと、ご夫婦は知り合いの船山さん夫婦に僕のことを話され、それを聞いた船山夫妻は「そんなに面白い青年が居るならぜひ会ってみたい」と思ってくださったそうで、僕に連絡してきたというわけである。

このように人のつながりが人を呼ぶのはとても面白い。旅に出て本当によかったと思える瞬間だ。自動車学校を卒業して再び宿なし生活に戻った僕には大変ありがたいお誘いだったので、数日お世話になることとなった。

「よく来たねぇ。ゆっくりしていってね」

初対面にもかかわらず、船山夫妻は温かく迎え入れてくださった。お風呂に入れていただき、晩ご飯をいただく。晩ご飯は野菜中心のメニューだったが、毎日コンビニ弁当や外食で肉を食べることが多い僕にとってはとてもありがたい。きゅうりとわかめの塩もみが特に美味しかったのは今でも忘れられない。

「啓介も生きていれば、啓太君と同じくらいの年になっている頃かな……」船山さんはそう言って、壁にかけてあった1枚の写真に目を向けた。きりっとした顔つきの男の子が前を見据えている。僕と年が近い船山さんのお孫さんの啓介さんは、幼い頃病気で亡くなってしまったそうだ。しかも僕の名前が啓太だから、同じ「啓」の字が付くということで、僕に親近感を持ってくれたそうだ。

2日後、船山邸を出発することとなった。船山さんからも激励のメッセージをいただいた。

「行雲流水　流れ行く雲　自然に素直な姿　親に感謝人に感謝　自分に感謝　又会えるかな　啓介&啓太に」

船山さんにはお礼を言って、出発した。今日は山形の天童市で、父母の会の会員さんのところでお世話になる。しばらく田舎道を駆け抜けた後、会員さんの家に着いたので、早速連絡を入れてあいさつをする。すぐに会員の半田さんが出てきて、温かく家の中へと迎え入れてくださった。

半田さんの家には、まだ小さいお子さんがおられ、彼も僕と同じような先天性の手の障害を持っていた。僕はそれを見て、親近感を覚えた。なんだか小さい頃の自分に再会したような気分だった。同時に自分が幼い頃に感じた、自身の障害に対する苦労を思い出す。これから彼が成長するにしたがって、僕が自分の障害で苦労したように彼も自分の障害でその苦労を味わうかもしれない。でもそのことで彼には悲観しないでほしい。ハンディを背負った分、人は強くなれるものなのだ。強くなればその分人にも優しくなれる。自分が生まれ持ったものを大切にしながら、これからも元気に成長していってくれることが楽しみである。

着いてすぐ夕方になったので、お風呂に入れてもらったり、汚れ物を洗濯していただいたりした後に、晩ご飯をごちそうになった。晩ご飯は、何とタラバガニが出てきた。親戚からいただいたものだそうだ。まだ北海道でもないのに、タラバなんて食べさせてもらっていいのだろうか……。そう考えるより先に、僕の口にはタラバガニが収まっていた。夜になると、お子さんが「カブトムシを捕りに行きたい!!」と言うので、一緒に近くの公園まで捕りに行くことにした。公園にはクヌギの木が豊富に生えており、懐中電灯で照らしながら探していると、クワガタやカブトムシを何匹か見つけることができた（福岡では夏でも公園なんかにはカブトムシなんて簡単に見つからないのに!!）。お子さんもキャッキャと喜んでくれて、いい夏の思い出になった。

半田邸にて。お子さんもまだ小さく、賑やかな家庭だった

家に帰ってきてからは、ご主人と焼酎を飲みながら、酔った勢いで旅の話を広げている自分がいた。翌日はお世話になったお礼を言って、さらに北へと向かっていく。半田さんからは「今度来たらまたうちの子と遊んでね」と言っていただいた。僕なんかでよければもちろんである。

もう7月である。青森のねぶた祭りを目指して走り続けるも、日差しも強くなってきて、走るのもなかなか辛くなってきた。自転車で坂を越えて全身汗だくの状態でスーパーに入れば、たちまち冷や汗に変わり、今度は身震いする始末である。毎晩寝るときも、テント内は蒸し暑くてたまらないので、「せめて扇風機でもあれば」と毎晩切実に考えていた。おまけに暑くてなかなか眠れないから、ほとんど毎日寝不足状態である。あ〜っ早く涼しい北海道に入りたいな〜!!

75〜78日目　秋田に突入!!　なまはげ資料館へ行く…………………（7月15日〜7月18日）

自動車学校などで1カ月近く滞在していた山形も無事抜けて、7月半ばには秋田県に入った。秋田県最初の寝床は、象潟ねむの丘という道の駅だ。休憩所が24時間開放されており、そこで夜を過ごすことにした。しかしどうも僕は公共の場が苦手みたいだ。なかなか落ち着かず、結局眠れなかった。やっぱりテントのような個室空間が安心するのだと、失敗から学びだんだん自分にあった寝床が分かってきた。

さて、秋田といえばなまはげが有名である。そしてなまはげといえば、秋田で年末にしか執り行われない行事だが、秋田の男鹿半島では、なまはげの実演を年中見ることができるという情報をインターネットで知った。そうと分かれば早速男鹿半島を目指すのみである。

男鹿半島目指して秋田を走っていると、大きな巨像が前方に立ちふさがっているのが遠目からも確認できた。「なんだあれは」と思い、近づいて行ってみると、それがなまはげの像だとすぐに分かった。僕の5倍くらいの身長はある、大きななまはげ像だ。何人か写真撮影している人たちが居たので、僕もパシャリと撮ってもらった。それにしても大きな像だ。地元福岡にもこんなに大きな像はなかったと思う。

走り続けていると、その後もさっきよりは小さめのなまはげの像や、壁に描いてあるなまはげの絵などが目に入ってきた。どうやらなまはげはここいらではなくてはならない存在のようだ。

むさくるしい夜を公園で過ごした翌日、なまはげ館が近いみたいなので、いよいよなまはげ館に向かうことにした。しかし先ほどグーグルマップでなまはげ館の場所を調べたところ、男鹿半島の中心辺りだと分かった。しかも道がなんだかグネグネしてるような……。

なまはげと記念撮影。ここは秋田だと一目見れば分かる写真だ

これまでの経験上、このルートに嫌な予感がした。

予感は的中した。思ったとおり山道だったのである。いつもどおりチャリから下りて、エッチラオッチラとチャリを押しながら坂道を上っていく。ただでさえ自転車につけている荷物が重いので、これを押して上がるのはなかなかの筋トレだ。休んだり押したりを繰り返す中、どうにかこうにかなまはげ館へと辿り着くことができた。全身汗でびっしょりだが、無事に辿り着けてひと安心だ。

中に入ると、「これからなまはげの実演がありますが、先にそちらを見てから資料館へ行かれますか？」と受付のお姉さんが聞いてきた。

僕はお姉さんの提案に従って、先になまはげの実演ショーを見ることにした。実演は、座敷のある小屋で行われ、座敷には観光で来られたお客さんが所狭しと座っておられた。早速僕も客席に腰を下ろす。しばらくすると、説明役の人が来て、なまはげの文化と意義についてさらっと説明してくださり、「それでは実演をお楽しみください」と言って、奥のほうに消えていった。

しばらく身構えていると、戸の奥から、「おお〜い‼」という怒号のような声が聞こえてきた。瞬時に身構える観客たち。

次の瞬間には、二人のなまはげ（に変身したおじさんたち）が、戸を勢いよく開けて入ってきた。

「悪いごはいねえが〜」

「悪いごは食っちまうど〜」

迫真の演技である。二人のなまはげは、押入れや隣の部屋、時折観客席にまで「悪い子」がいないか見に来るので、僕を含めた観客はすっかりビビリ上がっている。なまはげは子供のいる家庭にやってくるようで、その子供が「悪い子」だと、その子を食べてしまうらしい。家の子が外出してて居ないと確認したなまはげたちは、その家の主人に、子供たちが帰ってきたら、ちゃんと宿題やったり親の言うことを聞くようにと説教して、「おお～い!!」という雄たけびを上げながら、家を出て行った。それにしてもなまはげの「なまり」はすごかった。半分くらい何ていってるのか分からなかった。東北だからこんなになまりが強いのだろうか？　とにかく力のこもった演技で、汗だくになってここまで来た甲斐は十分にあった。

　実演ショーを見終えた後は、なまはげ資料館内を見て回る。館内に入って最初に驚いたのは、館内中になまはげの録音された「おお～い」という雄たけびがひたすら再生され続けていたということである。なまはげにもたくさん種類があるらしく、まるでどこかの部族みたいにいろんな面をつけたなまはげが展示されていた。実際になまはげが年末に子供のいる家に押し入る？　映像もあったので、大変楽しむことのできた施設であった。

資料館に展示される大量のなまはげたち。これだけいるとけっこう怖い

　施設を後にして、男鹿半島を抜けて、泊まる場所を何処にしようと考えながら走っていると、雨が降ってきた。屋根のある場所を見つけるのも面倒だったので、宿を取ろうとグーグルマップで調べて

みたが、残念ながらこの辺りの宿はほとんど埋まっていた。後で分かったことだが、この日は秋田県能代市で花火大会があり、全国からギャラリーが集まっていたため、近くの宿はみんな埋まっていたのである。他の宿を探してみると、空きがないわけでもないが、そういうところは決まってみんな値段が高いのである（大体8000円くらい）。これは困ったな〜。

途中立ち往生しそうになりながらも、他に宿がないかあきらめずに調べていると、ある民宿が、ちょうどさっき予約がキャンセルされたということで、1室空きがでたということを教えてくれた。しかも素泊まり4000円である。

これはしめた！　と思い、早速予約をする。後は宿まで向かうだけだ。雨の中、残り10キロ少しの道を走るのはそれなりにしんどかったが、どうにかこうにか無事に宿に辿り着いた。

宿に辿り着いて受付を済ませた後は、しばらくの間疲労で動きたくなかったが、スーパーに行って晩ご飯と翌朝の食事を買い込み、食事を口にかきこんだ後は泥のように眠りこけていた。せっかくの花火大会もとても行く気にはならなかった。

79〜92日目　青森突入!!　ねぶた祭りまでもう少し!!……………………（7月19日〜8月1日）

秋田を抜けてから、ようやく青森県までやってきた。船を使わず自転車のみで来られる日本の北の果てはここまでなので、なんだかすごいとこまで来たなぁと実感していた。今日はあいにくの小雨。雨がひどくならないうちに早く行こうとペダルを先に進めるも、青森に入ったばかりの国道１０１号線の道は、アップダウンの多い道でなかなか先へは進まない。

　走り続けていると、道路の端になにやらパラソル付きの出店のようなものが見えた。店員はおばさん一人だけである。近づいておばさんに話しかけてみた。

「こんにちは。この辺りに来るの初めてなんですけど、何を売ってられるのですか？」

「アイスクリーム売ってるんだよ。ババヘラアイスっていうのさ。秋田の名物なんだよ」

「何でババヘラなんですか？」

「ばばあがへらでアイスを作るからババヘラなんだよ」

「へぇー、面白いですね。ババヘラアイスって初めて見ました。記念にひとつください」

「はいよー」

　おばさん特製のババヘラアイスは、ヘラで作っただけのことはあり、なかなか面白い形のアイスクリームとして仕上がっていた。まるで花びらのような形をしている。味もバナナとイチゴの2種類で、美味しかった。ご当地の隠れグルメを見つけられたようで、満足いく出費だ

秋田名物のババヘラアイス。路上にパラソルを出して売っている

った。

おばさんにお礼を言って、再び先へと進み始める。しかししばらく走っていると、なんだか後輪に違和感を感じた。よく見てみると、後輪のスポークが折れていた。パンク修理ならまだしも、スポークが折れているのはどうしようもない。近くに自転車屋がないか、グーグルマップで調べてみるも、この辺りにそんなものはなさそうだ。あきらめずに、近くで畑仕事をされていたおじさんに聞いてみることにした。

「すいませーん。この辺りで自転車屋さんってないでしょうか？　タイヤのスポークが折れちゃいまして」

「この辺りには自転車屋はねえどー。スポークが折れたんかー？　紐で結べば直るどー」

そういうとおじさんは近くの小屋まで紐をとりに行くといい、まもなくタコ糸を持って戻ってきた。そして折れたスポークをまだ折れてないスポークに結びつけ、応急処置をしてくださった。

「これで何とかなるぞ〜。もう大丈夫だ」

おじさんのおかげでタイヤへの負担はマシになったようだ。これなら次の自転車屋まで何とか持ちそうでひと安心である。助けてくれたおじさんにお礼を言って、再び先へ進む。今日は道の駅にでも泊まろうかと思っていたが、あいにく適当な距離に道の駅は存在しない。この時は知っていたエリアは、建物なんかほとんどなく、左手には海、右手に山や家がちらほら見える程度。正面は見通しの良い田舎道だったので、テントを張って雨をしのげそうな場所はなかった。仕方なく、グーグルマップで近くに安宿がないか見てみると、近くに良い民宿があると分かった。

向かってすぐ民宿に到着できた。

「ごめんくださーい!!」

呼んでみると、店のご主人が奥から現れた。

「今日泊まりたいのですが、空きはありますか？」

「ええ、大丈夫ですよー」

「良かったです。素泊まりはいくらでしょうか？」

「4000円ですねー」

悪くない値段だ。でも貧乏チャリダーの僕からしたらもう一声ほしいところだ。もう少し安くならないかと値段交渉してみたところ、「それなら朝晩飯つきで4500円はどうですか？」と提案された。とてもいい条件だった。僕はそれならということで、今晩はここの民宿に泊まることにした。

お風呂や洗濯を済ませた後は、晩ご飯をいただいた。晩ご飯も立派で、刺身やら味噌汁やら煮物など、普段の弁当食では食べられないものをいただけて、僕の腹は小踊りしていた。僕以外にも青森の弘前市から旅行に来られた方も泊まられていて、「福岡から自転車でここまで来ました」なんて自己紹介していると、気に入っていただき、お酒をご馳走になったり、僕もここまでの旅の経緯を話したりなど、楽しい夜となった。

翌日は天気も晴れていて、宿の方にお礼を言って、今日の目的地へと進む。本日の目的地は、この旅、いや人生初のライダーハウスである。

ライダーハウスとは、いわゆる旅人専用の宿で、主に歩き旅やチャリ旅、バイク旅やバックパッカーが泊まることができ、しかもその値段は大体が無料から3000円程度である。ライダーハウスのメッカは北海道であり、青森にも何軒かライダーハウスは存在する。ライダーハウスは、旅人の口コミサイトから情報を仕入れて見つけた。今日泊まるライダーハウスは、1泊1000円で、工場の2階を人が住めるように改装したようなライダーハウスだ。普通の宿とは一味も二味も違うので、泊まる前からわくわくしていた。

宿に着くと、オーナーから宿の使い方を簡単に説明してもらった。トイレはボットン便所で、ベッドや布団なんかはないから、自分のマットや寝袋を使わなければならない。テレビもなく、本当に泊まるための必要最低限の設備しか整っていないのである。しかし毎日野宿をしている身からすれば、1000円で雨風の心配をせず、テントより広い空間でゆっくりくつろげるということは大変助かる。オーナーもバイクで旅をすることが好きと言っていたので、北海道のことも色々聞けた。

そういえば北海道に行くには船に乗らないと辿り着けない。宿のオーナーは、「北海道に行きたいなら、今のうちに船のチケットを取っておかないと、売り切れちゃうよ」と教えてくれた。ためしに見てみると、なるほど確かに僕が北海道に入ろうと考えていた日のチケットは、もう売り切れそうになっていた。慌てて何とかチケットが予約できた。これで予定の日に北海道に行ける。

数日お世話になったライダーハウスを出て、今日の寝床はどうしようかといつものようにグーグルマップで調べたところ、近くに教会があると分かった。早速今日だけ泊めていただけないか交渉しに行くことにした。教会について、今日だけ泊めてもらえないかと聞いてみたところ、教会長が戻ってくるまで、とりあえず中でゆっくりしてくださいと言っていただいたので、ありがたく中で休ませていただくことにした。夕方だったので、「良かったら晩ご飯も一緒にどうですか?」と誘っていただき、いつも初対面の人に良くしていただいてなんだか申し訳ないなと思いながらも、ありがたくご馳走になった。その後教会長も戻ってこられ、泊まれないか交渉してみたところ、あっさり「私のうちへ来たら良い」と、受け入れていただけた。

教会長の家で一晩お世話になった後は、歴史の教科書でも有名な三内丸山遺跡が近くにあると教会長に教えていただいたので、早速行ってみることにした。

三内丸山遺跡は教会長の家から10キロもない距離にあり、だいぶ早めに到着した。入館手続きを済ませ、館内を見て回ると、全国的に有名なだけあって、展示品の数も多く、展示のされ方も雰囲気が出ていてよかった。外には竪穴式住居のレプリカも複数存在し、それらしく作られており見るだけでも楽しめた。

遺跡を鑑賞した後は、青森名物? の味噌カレー牛乳ラーメンを食べに行くことにした。この名前を聞いただけで、「ウッ」となる人も多いかもしれないが、これがなかなか美味い!! 牛乳がスープにまろやかさを加えていたり、味噌とカレーがあっていたりと、意外にいけるのである。青森に来られた際は、ぜひ一度このB級グルメを食べてみてほしい。

その後はまだ青森ねぶた祭りまで1週間ほど時間が余っていたので、青森の八戸にあるライダーハウスで時間を潰すことにした。ここのライダーハウスは、自炊道具やキッチン、Wi-Fiやお風呂やテレビなどが付いて、1泊1000円ほどで泊まらせてもらえた。しかも部屋には僕一人。こんなに贅沢で格安な宿なんてほかにあるのだろうか。もう正直住み着くのも悪くないなと思う。でも他の旅人も泊まってきてくれたらもっと楽しいんだろうなぁ……。なんたってライダーハウスは他の旅人と旅の情報交換ができたり、旅の仲間を作れることが一番の醍醐味なのだから。

ライダーハウスで時間を潰している最中、近くに「日本のグランドキャニオンがある」との情報をインターネットで知った。ここでただ時間を潰していてももったいないので、早速行くことに決めた。朝9時に出発して、昼過ぎの3時に到着するという、なかなかハードな道のりであった。到着してお目当ての場所に行ってみると、そこは地下190メートルも掘られている鉱山であった。むき出しになっている地層と崖からの広大な景色は、確かにグランドキャニオンを彷彿とさせるものであった。よく見ると、掘られた鉱山の中腹辺りに、米粒ほどのサイズのダンプやショベルカーが見える。案内掲示板に書いてある実際のサイズと比べても、ここからではミニチュアの車にしか見えない。それほど、掘られている穴は広大で、深く掘り進められてい

ライダーハウス OFF の森。空き家を改修したような造りだ。隣にもう一棟別館があり、僕はそっちに泊まった

た。なんたって190メートルも掘られているのだ。自分の体より大きなタイヤが展示されてあったが、そのタイヤを使っているのはさっきの米粒ほどの大きさにしか見えないダンプなのだから、驚きである。

しばらく八戸で過ごしている中、ついに待ちに待ったねぶた祭りが近づいてきた。僕はねぶた祭りのために無料開放されている臨時キャンプ場に向かうべく、青森市へと再び出発した。臨時キャンプ場の近くまで来たが、会場が何処にあるのか分からない。インターネットの情報では、「津軽海峡フェリーターミナル近く」とまでしか分からなかったので、フェリーターミナルに行けば何とかなるのではないかと思い、早速フェリーターミナルの中に入ってみる。中は1階が受付、2階が待合室となっているので、2階に行けば同じ旅人もいるのではないかと思い、2階へ足を運ぶ。2階に着いて、周りを見渡してみる。すると、なんだか自分と同じような雰囲気を醸し出している男性が一人目にとまった。オシャレ感ゼロの服に、やけに日焼けした肌。あまり手入れされてない髪。そしてなんといっても大量の荷物。これはどうも間違いなさそうだ。早速話しかけてみる。

「こんにちは〜。すごい荷物ですね〜。何処から来られたのですか?」

日本のグランドキャニオンこと、八戸鉱山。写真では確認しづらいが、実際は底はまだずっと下にある

「ああ、どうも。自分は千葉からです」

「ええ～遠いですね～。ひょっとして自転車ですか？」

「そうなんです！　ついさっき北海道から戻ってきたところで……」

「おお～もう北海道に行ってきたんですか!!　実は僕も自転車で旅してるもので、ねぶたが終わったら北海道に行こうと決めてるんです」

「おお～同業者ですか～!!　まぁこっちきてゆっくり話しましょう!!」

こんな感じで、同じ旅人の方とすぐ打ち解けることができ、旅の情報を交換できた。まだ修学旅行のスキーでしか北海道に行ったことのない僕にとって、彼の話す夏の自転車旅における北海道はとても魅力的なものだった。
・ライダーハウスが本州とは比べ物にならないぐらい多く、個性的
・とにかく飯が美味い。特に海鮮系は日本一
・人がみんな優しい
・北海道にしかない最高のコンビニ「セイコーマート」がある
・信号や車が少なく、道が走りやすい
・夏でも気候は涼しい
・ゴキブリがいない
・ひまわり畑や湖など、景色が最高

ざっと北海道の話を聞いただけでもこれだけだが、これ以上にわくわくする情報はたくさんあり、北海道は日本でも特に別格の土地なんじゃないかと大きな期待を感じた。早く北の大地へ行ってみたい気持ちでいっぱいだ。

その後も続々と北海道から戻ってきた旅人や、これから北海道に行くという旅人がフェリーターミナルに集まってきて、お互いに本州の情報や北海道の情報、自分がどこからきてどこに向かうか、どんなスタイルで旅をしているのかなど共有し合っており、そしてほとんどの旅人が、これからねぶた祭りで楽しむことをお互い喜び合っていた。この青森の地は、まさに旅人たちの交流の地であり、お互い励ましあいながら次の旅路へと向かう交差点的な存在なのだなと感じた。

そうこうしてる内に、無料キャンプサイトの場所が分かったので、みんなでキャンプ場に足を運ぶことにした。現段階で僕を含めた自転車日本一周チャリダーは6人ほど。キャンプサイトに着いたころには、10人以上に旅人は増えていた。そしてキャンプサイトに着いて暗くなる頃には、自転車日本一周旅人は20人以上に増えていた。全国に自転車日本一周をしている人たちがこんなにいて、しかもまだまだ人数は増えると聞いていたので、こんなにも旅人はいたのかと驚きと興奮でいっぱいであった。年代は僕のように若い人が多く20代が中心であり、中には高校を卒業したばかりの10代の子もいた。

夜になり、みんなで「今夜の飯はどうする?」「ねぶたの衣装はどこで買う?」など話し合っていると、どこからともなくおっちゃんが僕らのそばへ近づいてきた。手には一升瓶が握られている。

「若い旅人らよ、今日はようここまで来たなぁ。おっちゃんはバイクでしょっちゅう日本を旅しとる者で、このねぶた祭りには毎年来てるんや。今年の祭りもみんなと楽しみたいと思っとる。ところでお前ら、彼女はおるんか？」

今のところ集まっている自転車旅人は全員男である。その質問に手をあげたのは、悲しくも誰もいなかった。それもそうだ。彼女なんていたら旅に出づらいだろうし、もし旅に出て1年ぐらい戻ってこなければ、寂しい思いをさせるのは間違いないだろう。

「情けない奴らじゃの～。ほんなら今日はおっちゃんがみんなの彼女（？）になって酒に付きおうたるけん、この出会いを祝してみんなで杯を交わそうや」

よく分からない理屈であったが、おっちゃんはそう言うと、その場にいた皆に紙コップを配り始め、日本酒を注いでいった。

「それじゃあ乾杯や。乾杯～!!」

「乾杯～!!」

普段は日本酒なんてあまり飲まないが、こうやって初対面の人たちと杯を交わすのは悪くないものだ。お酒を飲むと、周りの人たちと打ち解けやすくなる。

「どこから来たんですか？」

ふいに隣から声をかけられた。見てみるといい感じに日に焼けた好青年が、こちらに笑顔を向けていた。僕は自分が福岡から来たことと、ママチャリでここまで3カ月ほどかけてきたことを彼に話した。

「まじっすか!!　ママチャリで旅してる人ってめったにいないから、会えて嬉しいっす！　僕ハマダって言うんで、ハマちゃんとでも呼んでください!!」

ハマちゃんはとても好感の持てる青年で、お互い同じ自転車日本一周旅人ということもあり、打ち解けるのに時間はかからなかった。彼は4月ごろに関東地方から先に西方面へ出発して、山梨のテント泊で凍え死にそうになったこと、沖縄の大盛り定食の話、長崎の軍艦島に行ったという話、鹿児島の屋久島で猿の群れに襲われたことなどを僕に話してくれた。どれも魅力的な話ばかりで、僕の自転車旅よりいい体験してるんじゃないかと感じられた。

楽しい夜の宴会はすぐに過ぎて、おっちゃんが「明日から祭りやから、皆楽しもうなー」と言って、自分のテントに戻っていかれた。その後皆も散り散りに自分のテントへと戻っていき、僕も今日はもう寝ることにした。

「また明日から楽しみましょうねー」

ハマちゃんもそう言って自分のテントへ戻っていった。僕も寝る準備をして、テントの中へともぐりこむ。明日からいよいよ待ちに待ったねぶた祭りである。これから自転車旅の人だけでなく、バイク旅の人も増えることであろう。明日からどんな出会いがあるのか大変楽しみだ。僕は興奮と期待を胸に、床についた。

93～100日目　旅人の祭典!!　青森ねぶた祭り!!　……………………（8月2日～8月9日）

「ザァー」という音と共に、薄暗いテントの中で目を覚ました。午前5時くらいだろうか。外は大雨みたいだ。とたんに僕のテンションは下がり、同時にテントに水が浸水してないかドキドキしながら床を確認する。よかった、浸水はしてないようだ。僕はとりあえずの安堵を抱きながら、再び床についた。

再び目を覚ましたのは、午前7時過ぎだったろうか。旅人の皆も起きており、話し声がテントまでよく聞こえる（テントに防音効果など皆無なので、当たり前ではあるのだが）。朝起きたばかりなのでテンションも低めで、モゾモゾしながら「いつ出ようかな」などと思っていたが、渋っていても仕方ないので、テントから出て皆の集まっているところへ行ってみた。

「あ、シモツカさんおはようございます!!　昨夜の雨大丈夫でした？」

後ろからハキハキした声が聞こえた。振り向いてみると、昨夜仲良くなったハマちゃんだった。

「ああ、なんとかね。他の人らは大丈夫だったんかな？」

「いや～けっこう被害あったみたいですよ……僕のテントも多少浸水してたし……」

よく周りを見てみると、周りはまるでお通夜のような雰囲気であった。テントをたまたま水の溜まりやすい場所に設営してしまった人は、テントの中がプール状態になってしまったらしく、夜中に飛び起きてコンビニに逃げ込んだそうだ。そりゃ寝不足もあってテンションもガタ落ちなのが当たり前だろう。

しかし僕らは旅人、こんな困難は今までの旅の中でも幾多も乗り越えており、その切り替えの早さからボール遊びをする者、ババ抜きをする者、そしてなぜか自分の髪の毛をバリカンで剃る者？　まで現れた。正直自転車日本一周旅人は、普通の人と比べて個性的な人が多い。ねぶた祭りに備えてちょんまげ頭にしていたり、関東出身なのに関西弁を使うエセ関西人のような旅人もいたし、しまいにはパンツ１枚で日光浴をする者まで現れた。

少々ぶっ飛んだ同志たちだが、そんな人間のほうが僕は大好きだ。人と違うことをやっている人間のほうが、自分の人生を生きている感じがするし、世の中を動かす力がありそうではないか。何よりも一緒にいると本当に楽しい。出発地は各々違えど、青森まで自転車で来るぐらいなのでみんなエネルギーに溢れているし、旅の話は皆同じ日本一周であれど、その内容は千差万別だ。

そういえば今日は祭りの日であった。皆はもう祭りで使う衣装を手に入れていたり、これから買いに行くと言うところであった。僕もまだ衣装を手に入れていない。ちなみにねぶた祭りでは、衣装さえ着ていれば、受付などしなくても飛び入り参加可能なのである。衣装はスーパーなどでも買える

臨時キャンプサイトの様子。集まったチャリダーたちのテントが密集しており、ひとつの集落のようである

が、6000円前後と少々高い。何か安く手に入れる手段はないかと考え、青森の教会に余っている衣装がないか聞いてみることにした。祭りの間だけお借りして、使い終わったらクリーニングして返却しよう。さっそく青森教会の教会長さんに聞いてみることにした。

「シモツカくんかい？　どうしましたか？」

何日かぶりに聞く教会長の声だ。お変わりないみたいで良かった。僕は早速、教会に使わないねぶたの衣装がないか、そしてねぶた期間中だけ借りてもよさそうか聞いてみた。

「それだったら大丈夫だよ。使ってない衣装が何着かあるから、うちにとりに来なさい」

幸い快く許可してもらえた。早速教会へ向かい、貸していただけた（後日クリーニングをして返却しました）。

やがて夕暮れ時となり、祭りの時刻が近づいてきたので、皆続々とねぶたの衣装に着替え始めた。僕も着替えようとするが、衣装は帯やバンダナを後ろに結ばないとならないので、左手の障害で後ろ結びがしづらい僕は誰かの力を借りないと着替えられない。正直こういうときはだいぶ気をつかうので、それもこの障害のひとつの〝障害〟であると思う。ここは仲良くなったハマちゃんに結んでもらえるようにお願いするとしよう。

ねぶた祭りに集まった旅人たち。全員自転車日本一周などしているチャリダーだ

「そういうことでしたら全然お安い御用ですよ。でもすごいですね。全然障害があるように見えなかったし、何よりここまで障害を負いながらママチャリで福岡から来られたのですから」

僕にとって障害を持ちながら自転車に乗ることは至って普通の感覚（むしろ障害のない状態がどれほど便利かよく分からない）なので、そんなにすごいとは思わなかったが、それでも褒められるとやっぱり嬉しい。

帯とバンダナを結んでくれたハマちゃんに礼を言い、僕らはキャンプサイトの集会場に集まった。これから祭り会場への出発儀礼をするそうなのである。集会場には、自転車旅の人だけでなく、バイク旅の人やバックパッカーも大勢集まっていた。その数ざっと100人以上だろうか。いつの間にか自転車旅の人も増えており、50人近くの人数になっていた。キャンプサイトの代表者から、祭りの説明や、注意事項があるというので注目していると、なんと昨晩自転車旅の皆に酒を振舞ってくれたおっちゃんが前に出てこられた。おっちゃんはキャンプサイトの村長だったのである。

一通りおっちゃんが祭りの説明をし終えると、おっちゃんから「野郎ども!!　準備はいいか!!」との掛け声。それに対して僕らも「おぉーーーーー!!」と力強く返事。女性なんてほぼいないので、野

ねぶた前夜祭にて。前夜祭にもかかわらず会場は人でごった返していた

太い怒号があたりに鳴り響く。

「それじゃあチャリダー組は自転車を用意して随時出発!!　ライダー組はチャリダー組が出発してからじゃあ!!」

再び辺りに怒号が鳴り響く。僕らは急いでそれぞれの相棒にまたがり、出撃態勢に移る。チャリダーは皆準備できたようなので、おっちゃんの合図と共に、続々と会場に向かい始めた。50台近い自転車が列を成して会場に向かう様は、まるで百鬼夜行といった感じであった。キャンプサイトから青森ベイブリッジの上まで進んだ辺りで、チャリダーたちは道路に沿って並んだ。何事かと思いながら周りに合わせて並んでいると、向こうからバイクの大群がやってくる。皆ねぶたの衣装を着ているため、まるで珍走団といった感じだ。衣装はひらひらした浴衣に近い服装なので、バイクだとそれが風になびいていてなんとも言えずかっこいい。と、ここで同行した村長から、「バイクが走り過ぎる時に各々の自転車を持ち上げて、バイク部隊を見送るんだ」という指示があった。バイクの大群がうなり声を上げながら近づいてくる。僕らは一斉に自転車を持ち上げて、先に会場に向かっていくライダーたちを見送った。お互い激励の声を掛け合いながら、すれ違っていくライダーとチャリダーたち。僕は左手の関係や、ママチャリは自転車

先に会場へと向かうバイク部隊を見送るチャリダー部隊。実際に見るとかなり珍しい光景だ

の中でも重いため、前輪だけ上に揚げて見送った。すべてのバイクが走り去るまで1分ほどだったろうか。何ともいえない熱い感情がこみ上げてきて、再び僕らチャリダーは会場へと向かった。

会場に着いてからは、観光客やら祭りの参加者やらで辺りはごった返していた。しばらく待っていると、太鼓の合図が聞こえて、みんなで「ラッセーラー、ラッセーラー」という掛け声に合わせて、飛び跳ねながら規制された道路を闊歩していく。まさしく百鬼夜行そのものである。老若男女汗と熱気でもみくちゃになりながらも、全力で叫んで飛び跳ねたねぶた祭りは、終わった後充実感でいっぱいであった。

祭りが終わり、周りにいた人たちも、笑顔で家族や友達同士で解散し始めた。そろそろ僕もキャンプサイトに戻ることにしよう。

しかしここでトラブル発生、帰り道が分からなくなったのである。周りのチャリダーたちもいつの間にかほとんど帰ってしまったらしく、顔見知りの人はいなかった。おまけに頼りのケータイも、跳ねている時に落とさないようにとテント内に置いてきたので、今は持っていない。困ったなぁ。しかし木崎さんと出会った時や、三賀森さんと出会った時のように、ピンチとチャンスは本当に紙一重なのである。

しばらくあっちこっちさまよっていると、「チャリダーさんですか？」と声をかけられた。声のほうを振り向くと、見た目20代後半くらいの男

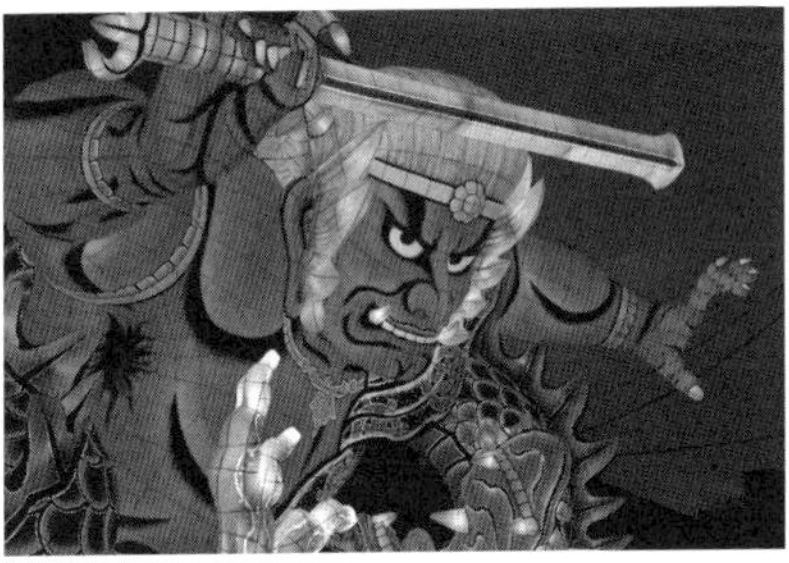

内側からライトアップされた張りぼて人形。まるで絵の中から飛び出してきたかのような立体感だ

性が笑顔で立っていた。

「そうですよ。お兄さんもですか？」

「おお良かった！　僕もチャリダーで、キャンプサイトへの帰り道迷っちゃったんですよ!!　お兄さん帰り道分かります？」

なんてこった!!　彼も道に迷った子羊だったのである。僕は自分の今の状況が彼と同じであると話し、とりあえず一緒に帰り道を探そうと提案した。

「いや〜そうだったんすか！　それならとりあえず一緒に探しましょう!!」

犬も歩けば棒に当たると言うのだろうか、帰り道を探しながら、僕らは自然とお互いのことを話し始めた。彼の名はタグちゃんと言い、今年の春頃に日本一周の旅に出発したのだそうだ。関東方面から出発したそうで、そのまま北上してきたそうだ。乗っている自転車は僕のママチャリより断然速いクロスバイクだが、1日の移動距離はだいたい30キロ前後なんだとか。栃木でバンジージャンプをしたという話や、たくさんの人に出会って声をかけていただいたり、泊めてもらったなど、彼も素敵な旅をしているんだなぁと感じた。一番驚いたのは、彼が自分より年下だったということである。風貌からして、絶対年上だと思ってた。

色々とおしゃべりしながら歩いていると、何とか帰り道に通じる道を見つけることができた。そこからは自転車に乗って、お互い無事にキャンプサイトに辿り着くことができた。

「下司さんと知り合えてよかったです！　また明日も跳ねましょうね!!」

不思議なご縁で仲良くなれたタグちゃん。木崎さんとの出会いや、船山夫妻との出会いもそうだが、旅はこういう出会いに恵まれている。僕は一人旅というものがますます好きになった。

翌日、蒸し風呂のようなテントの中で、汗まみれの僕は目覚めた。テントの中にいても蒸し焼きになりそうだったので、さっさと外に出ると、男チャリダーは半数近くが半裸状態で日陰に避難していた。

「おはようございます！　今日の日照り、パねぇっすね!!」

ハマちゃんが朝一番に僕に話しかけてくれた。天気は昨日の朝とは違い、快晴の猛暑だ。僕は昨日の夜スーパーで買っておいたちくわと納豆を朝飯としていただき、今日は何しようかと仲間たちと相談した。

「自分は特にすることもないので、ここでゆっくりしときます」。ハマちゃんはそう言って、日陰の芝生にごろんと仰向けになった。昨夜仲良くなったタグちゃんは、他のチャリダーたちと一緒にババ抜きをしていた。ババ抜きといっても、負けた人はバリカンで下の毛を綺麗に剃られるという、恐ろしい罰ゲーム付きだが。

「シモツカさんも一緒にババ抜きしませんか？」

僕は遠慮しといた。ちなみに負けたチャリダーさんはホントに奥の隅で毛を剃っていた。見ているだけで愉快な仲間たちだ。

僕も特にすることがないので、ねぶた衣装をコインランドリーで洗って、チャリダー仲間と時間を過ごすことにした。やはり皆面白い人たちばかりで、朝起きて一番にカルピスで水分補給する者や、大道芸をしながら旅をしており、皆の前でパフォーマンスをしだす者、はたまたねぶたの衣装でふんどしを作り、相撲を始める者まで現れた。仲間たちと一緒に実に楽しいひと時を過ごせた。

すでにチャリダーの人数も総勢50人ほどいるらしく、キャンプサイトは活気に満ちていた。60代の高齢チャリダーもおられ、自前の七輪で焼いた魚を、周りのチャリダーたちに分け与えていた。僕もありがたく少し分けていただく。炭で焼いた魚は大変うまかった。

旅人同士の中では、分け合うという文化が強く感じられる。高齢のチャリダーさんも、旅の間でたくさんの人にお世話になったから、こうやって少しでも周りに与えていきたいと言っていた。周りの旅人たちも、皆で鍋を囲んで食べていたり、誰かがパンクすれば修理を手伝ったりしていた。旅の間に受けた恩恵は、恩返しというより恩送りとして旅人同士の間で脈々と受け継がれているのだなと感じた。

やがて夕暮れとなり、2日目の祭りを迎えることとなった。この日も祭り会場は大盛り上がりで、僕は昨日の疲労も忘れて、心の向くままに跳ねた。昨夜あまり寝れてなかったので、疲れも溜まっていたが、皆と一緒に跳ねているとなぜかそんな疲れも吹っ飛んだ。祭りが終わった後は、疲労と達成感でいっぱいであった。

銭湯には地元のおじさんたちが多く、みんな訛りが強く、4割くらいしか会話を聞き取れなかった。東北のほうは訛りが強いと旅に出る前からよく聞かされていたが、青森が一番なんじゃないかと思った。寒い地域では、口の中が冷えないように口をなるべく開かずにしゃべるので、自然とそうなってしまったのだとあとから聞いた。風呂で体をこすっていると、ボロボロと垢が取れていくのが分かった。特にくるぶし辺りの垢がすごく、垢で消しゴムでも作れるのではないかと思ったくらいである。3、4日ぶりに入る湯船も最高で、「はぁ～!!」と人目も気にせず思わず感嘆の声を上げてしまったくらいである。身も心もリフレッシュした僕は、キャンプサイトに戻ってから、ぐっすりテントで休んだ。

4日後の8月7日、今日はいよいよねぶた最終日だ。といっても最終日は昼に跳ねて、夜は花火大会というスケジュールである。実はこの日僕は跳ねなかった。最終日といえども、跳ねるのは昼だし、もうこの日まで5日も跳ねたので、十分であった。だから日中は借りていた衣装を教会に返しに行ったり、近くの図書館で涼んでいたりしていた。

夕方近くになって、皆花火大会に行くみたいなので、僕も誰かと一緒に行こうと思った。周りを見ると、最近仲良くなったチャリダー仲間のたーゆーが目についた。たーゆーもねぶた祭り初参加のチャリダーで、年は僕より少し下、自転車に積んでいた荷物が、エナメルバッグと鍋くらいであり、とても少なかったのが印象的だった。早速一緒に花火大会を見に行こうと誘ってみる。特に予定もないみたいなので、一緒に見に行けることとなった。

「僕、花火が良く見えそうな場所知ってっから、そこ行ってみようぜ」。たーゆーからそう提案があったので、そこに行くことにした。

案内されるまま自転車を漕いで着いた場所は、港近くの防波堤であった。他にも見に来ているギャラリーはいたが、そこまで多くはない。二人で防波堤をよじ上って、よさげな観賞スポットを見つけられた。周りにビルもないので、見通しは最高だ。しかしその分潮風もびゅうびゅう吹いていて、少し肌寒い。

「ここは絶景スポットだね。一眼レフ持ってきた甲斐があったよ」

たーゆーはそう言って、首から提げていたカメラを薄暗くなりつつある街に向けて構えた。

しばらく僕らが打ち上げを待っていると、「ヒュ～ドンドン!!」と打ち上げが始まった。僕らギャラリーもそれに合わせて感嘆の声を上げる。花火は1時間以上は打ち上げられ続け、その間僕もたーゆーも沢山の写真を撮った。クライマックスで大きな花火が天まで響く音を上げながら散った時は、僕は思わず拍手をしてしまった。

花火大会も終わり満足した僕らは、一緒にスーパーで晩ご飯を食べることにした。

「たーゆーはもう北海道まわってたから、これから南下するんだよね？北海道ではどんな旅してたの？」

僕はイートインで半額弁当をつつきながら、旅の先輩のたーゆーに聞いてみた。

防波堤にて、花火大会を鑑賞するたーゆー

「僕はライダーハウスとかよく泊まってたね〜。帯広や函館は楽しかったな〜。あと写真撮るの好きだから、よく撮っては路上販売してるよ」

路上販売!?　そんなこともできるのか！　一眼で彼が撮った写真も見せてもらったが、確かに売り物にしても申し分ない出来栄えだ。

「観光地とか商店街でやればけっこう皆見てくれるよ。まぁ警備員に追い出されちゃう時もあるけど」

僕はそれを聞いて、彼の行動力とアイデアに尊敬を抱いた。また、自分も彼ほどの腕前ではないがいろんな人に写真を見て買ってもらいたいと思った。北海道に行ったら僕も路上販売をやってみよう。そしてねぶたキャンプ場も明日で閉鎖だ。また独り身の旅が始まると思うと、なんだか物寂しくなった。

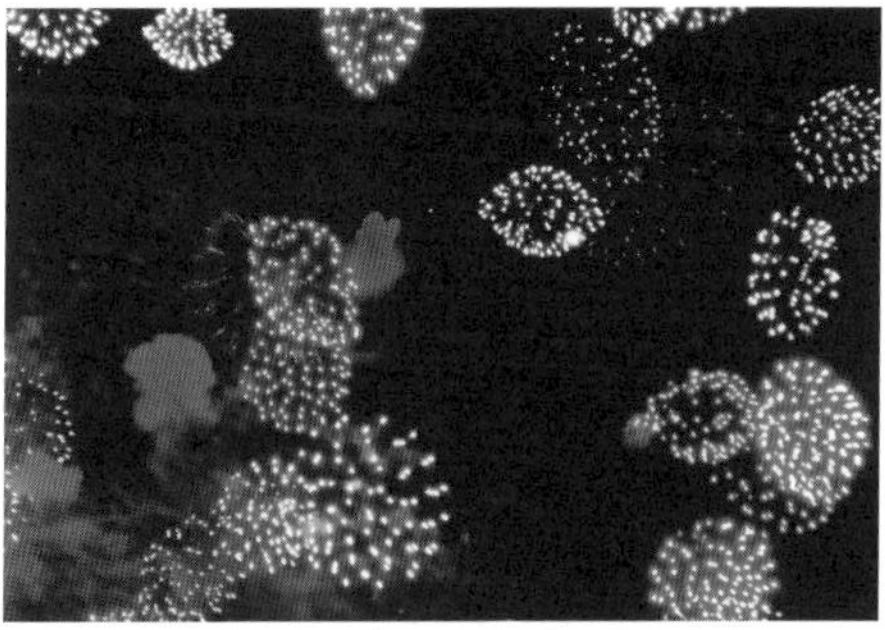
1万1千発のねぶた花火が満遍なく夜空を彩る

翌日8月8日、キャンプサイトを出発する朝がやってきた。北海道へのフェリー搭乗時刻は明日の夜なので、それまで今日は出発の準備をする。周りの皆も片づけを始め、それぞれの旅路へと立っていく。僕も約1週間ぶりに自分のテントを撤収する。テントを畳んでいると、テントの下の芝生が周りの芝生と色が違うことに気がついた。

「芝生の色が変わるまでここに居たんだな……」

思わずつぶやいてしまった。沢山の出会いや、語り合った仲間たちのいた場所なので、名残惜しくはあったが、準備の整った僕は出発の挨拶を仲間たちと交わした。ハマちゃんやタグちゃんは、僕と同じくこれから北海道を目指す旅人なので、またどこかで会いそうな予感だ。「北海道でまた会いましょう」と、二人ともキャンプサイトを出発していった。

たーゆーも今日ですれ違いだ。彼が出発間際に一冊のノートを僕に渡してきた。

「僕、出会った人にメッセージもらってるんだ。だから啓太もひと言お願い」

偶然にも、彼も僕と同じようにメッセージを沢山の人からもらう旅をしていたのである。僕は彼に、自分もメッセージをもらっているので、僕のノートにもひと言書いてほしいと伝えた。こうして僕らはお互いそれぞれのノートにメッセージを記した。

「ありがとう。啓太も北海道楽しんできてね」。そう言って彼も颯爽と自転車と共に走り去っていった。

こうしてねぶたキャンプサイトにはもうほとんどの旅人が居なくなってしまった。皆自分の旅に向かって再び走り出したのだ。進む道は違えど、みんなの熱い志と、優しさは旅人共通である。僕も彼らと出会えた恵みを自分の糧とし、与えてもらったものをこれから出会う人たち、新しく進む大地で分け与えていこうと思うのであった。そうす

祭り明けのキャンプサイトの様子。祭りの活気はすでに過ぎ去ってしまった

ることで自分はさらに成長できるはずだ。暑い夏の日差しの中、僕はねぶたキャンプサイトを後にした。

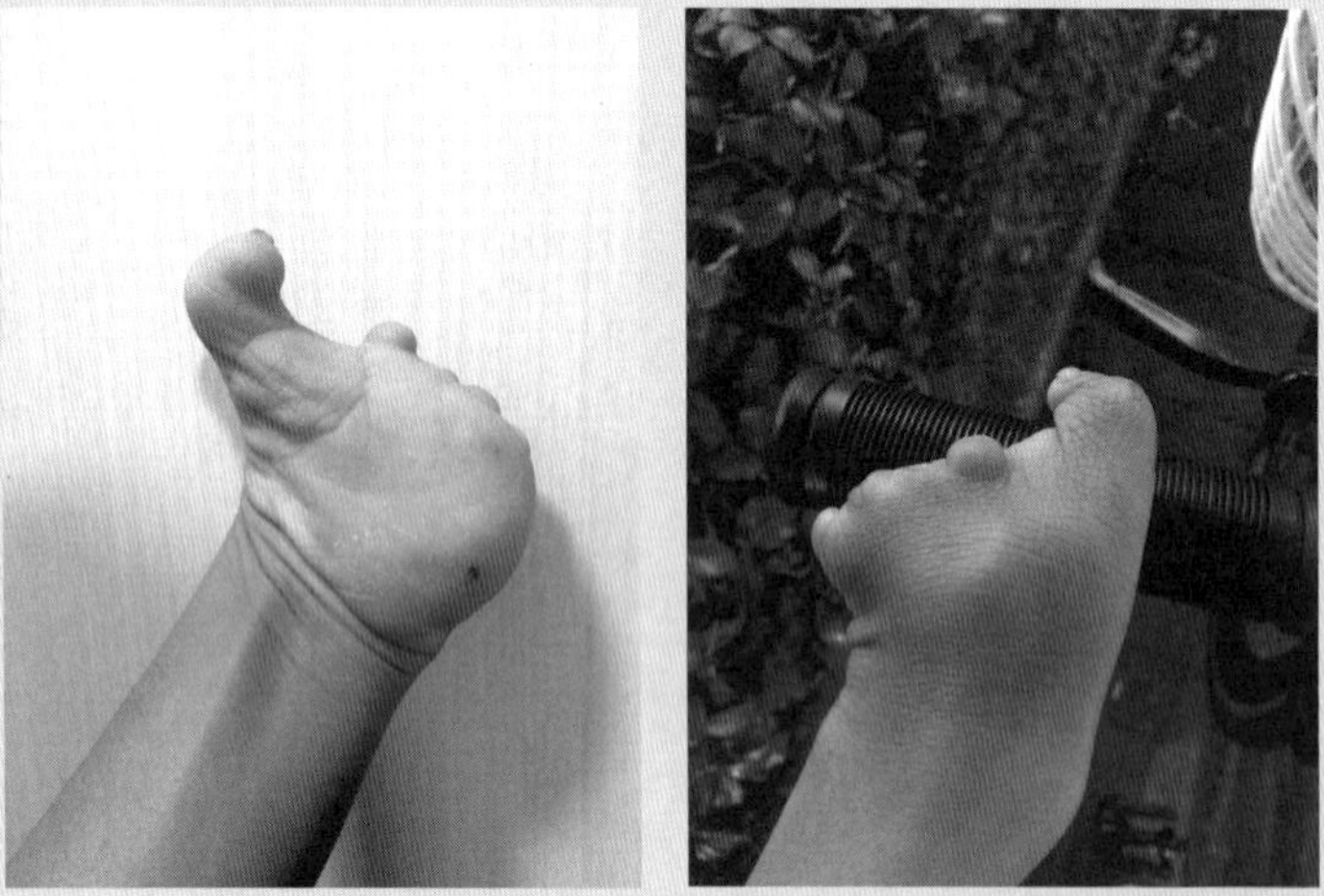

僕の左手。先天性四指欠損という障害で、生まれつきである。ピンポン玉くらいのサイズのものなら左手だけでつかむことができ、大きな荷物も両手を使えば持つことができる。

第2章 旅人のメッカ!! 北海道編!!

100〜104日目　北海道上陸!!　函館は良いとこ三昧!?……………（2015年8月9日〜8月13日）

8月9日の夜8時過ぎ、青森の津軽海峡フェリーターミナルより出発したフェリーは、翌日8月10日の深夜0時過ぎに僕らを函館ターミナルへと送り届けてくれた。ここに辿り着くまで、僕はある人にお世話になっていた。京都の木崎さんである。実は木崎さんも北海道をまわるために車で青森まで来ていて、僕の現状をSNSで知って、わざわざ僕に会いに来てくれていたのである。話は昨日の8月9日に遡る。

「啓太君もこれから北海道に行くんやろ？　自転車もフェリーに一緒載せて行くん？」

「そうです。でも自転車は特殊荷物として別料金取られちゃいます。ママチャリだから分解して手荷物みたいには出来ないんですよね〜」

「車に積めばただの荷物扱いになるって知ってた？　自転車の料金取られずに済むで」

「ええまじっすか!?　初めて知りました！」

「俺の車の後部座席に積んだらエエで。そしたらフェリー代も多少浮くやろ？」

というわけで、ありがたく木崎さんの車に相棒を乗っけていただき、

木崎さんの愛車に相棒のママチャリを積ませてもらった。おかげさまで自転車代も浮いた

無事北海道に辿り着けたというわけである。函館ターミナルで別れ際に、「折り返しで京都まできたら、またウチ寄ってってや～」と言ってくださり、車を夜の街へと走らせていった。ありがとう木崎さん。

それから僕は函館ターミナルの待合室で寝ることにした。待合室に行ってみると、これから北海道を旅するであろう旅人たちも、椅子で眠っていた。僕も一晩だけここを借りるとしよう。

翌朝、ベンチで寝るという慣れない環境であまり眠れなかった僕は、朝飯を済ませてとりあえず函館の街を見に行くことにした。函館はしゃれた港町といった感じであり、どこかレトロな雰囲気を感じさせる。地元福岡の門司港に似ているなと感じた。

函館は落ち着く場所で、しばらくは函館の街に滞在してみたくなったので、拠点となる宿を探すことにした。旅仲間に教えてもらった「はちのす」という安宿の口コミサイトを見てみると、近くに「ミートハウス」というライダーハウスがあるとの情報を得た。一泊1000円だった。文句なしの安さだったので、ここを拠点に決めた。「ミートハウス」はすぐ近くにあり、函館の潮風が香るほどの港近くだった。早速宿にチェックインして、荷物を置かせてもらう。部屋はだいぶ殺風景で、トイレはボットン便所だ。風呂は付いてないので、夕方

ライダーハウス「函館ミートハウス」。歴史あるライダーハウスである

に近くの銭湯に入りに行くとしよう。風呂やエアコンはないが、いつも野宿している僕ら旅人にとっては、雨を防ぐ屋根と風を防ぐ壁があるだけで十分ありがたいのである。逆を言えばそれさえあれば寝るときの快適性は野宿と比べて天と地の差だ。

宿にチェックインしたのはまだ僕だけだったので、とりあえず外に出てみる。この辺りにはハリストス正教会という観光スポットがあるみたいなので、早速観光に出かける。教会は坂道を上った場所にあり、そこから先は観光通りのようになっており、お茶屋やお土産屋さんが並んでいる。

こんな時に一緒に観光できる仲間がいれば良いが、ママチャリはどうしても他の自転車にペースを合わせづらく、行動をともにしづらいのが難点だ。日本をママチャリで旅している旅人なんてチャリダーの中でもおよそ1割にも満たない人数なので、大半のチャリダーはクロスバイクかロードバイクだ。これらはママチャリと比べてスピードや上り坂への耐性が圧倒的に高いので、どうしても両者の移動距離やスピードには大きな差がつく。言ってしまえばママチャリ旅というのは他のチャリ旅よりも孤立しやすいのである。この先僕は、孤独や上り坂や向かい風に直面する度に「せめてクロスバイクだったら」とよく思いがよぎることがあった。まるで昔自分が「せめて左手が不自由でなければ」と考えていたように。だが考えてみれば、ママチャリだからこそ出会えた人たちは沢山いる。あのスピードだからそのタイミングで出会えた人たちが幾人もいた。それはどれも僕の人生に多少なりとも良い影響を与える出会いだった。左手だってそうだろう。この手だったから出会えた人たちがいるし、感じ得たものがある。一見不便に見えるようなものでも、その道でしか手に入らない恵みがある。そう考えるならば、たとえこの先さらなる不便なことに直面しても、そんなに悲観することはないのではないかと僕は考えるようになった。

函館ハリストス正教会を観光した後、近くの通りを歩いていると、なにやら道端に座り込み、絵を描いている人たちが居るのが目についた。近づいてみてみると、風景画を鉛筆で描いている。

「ここで風景画を描いて、路上販売しているのさ」

描いている人の一人が教えてくれた。しばらく見ていると、絵を気に入って買っていくお客さんも現れた。不意に、自分もここで路上販売したらイケるんじゃないかという考えが浮かんだ。ねぶたであったたーゆーが写真を路上販売していたと言っていたので、僕にできないわけはないだろう。

そうと決めた僕は、早速写真屋に行って自分のカメラに収めた風景写真を現像したり、100円ショップで写真ケースなどを買い揃えた。最近よく思うが、僕の行動力は間違いなく成長したと思う。どこかで聞いた言葉だが、人が変わる要素は、住む環境を変える、付き合う人間を変える、時間配分を変える、の3つしかないらしい。今の自分と照らし合わせてみると、すべて満たしていることに気付いた。住む場所も出会う人間も毎日新しく、旅する前と時間の使い方が全然違う。以前の僕だったら、行動を起こそうとしなかっただろう。だが僕はもう実際に路上販売をやっている人の話を聞いたし、やっているところも見た。今まで出会わなかった人との出会いで、僕は間違いなくプラスの影響を受けていた。

準備がそろって、いよいよ絵描きの人たちの近くで路上販売をしてみようと風呂敷に写真を並べたりするが、やっぱり緊張はする。何でもそうだが、新しいことをはじめる時に不安は付きものだ。誰も写真なんて買ってくれないんじゃないかという考えがよぎったりもするが、やってみなければ分からないということもこの旅でよく直面してきた。

路上販売していると、通行人は物珍しそうにこちらを見ながら通り過ぎていく。子供なんかは指をさして「あれ！　あれ！」と親の袖を引っ張っている。最初はかなり恥ずかしかったが、途中からはもう開き直って、視線を送る通行人に笑顔を見せたり、挨拶したりしていた。

40分くらいそんなことを続けていただろうか。ついに最初のお客さんが現れた。道を通ってる際に僕の写真が目に入ったらしく、金沢の山道で偶然見かけた鹿を撮った時の写真を手にとられた。

「これいくら？」

買ってくれるのか！　と内心ドキドキしていたが、精一杯の平静を装って1枚200円ですと伝えた。

「じゃあこれとこれで」

予想外にも、お客さんは1枚多めに買っていってくれた。僕は嬉しさのあまり、もう1枚写真をサービスした。

「がんばってね」

そういってお客さんは満足そうに去っていった。同時に僕のさっきま

初めての路上販売。緊張もしたが大きな自信にもつながった

での不安は自信に変わっていった。自分の撮った写真でも必ず気に入ってくれる人は居るんだと感じた。それから1時間近く座り続けて、写真は合計5、6枚くらい売れた。中にはカンパを渡してくれた人も居たが、なんにせよその人が僕の旅を応援してお金を出してくれたということがすごく嬉しかった。

路上販売を終えて「ミートハウス」に戻ってみると、宿泊者が5人に増えていた。みんなライダーさんで、それぞれ出身は違えど、同じ旅人なので、旅の話題ですぐに仲良くなれた。

その後はみんなで銭湯に行ったり、近くの居酒屋に飲み食いに行った。みんな初対面にもかかわらず、旅の話で大盛り上がりだ。共通点があるということは、それほど人と人の距離を縮めるのが早いのだろうと思った。

翌日は、函館の夜景は綺麗だから見ておけと他のチャリダーづてに聞かされていたので、昼は港町で500円の海鮮丼を食べたりして、夜にはゴンドラに乗って函館山に上っていた。

夜景スポットに行ってみると、柵の周りはカップルで埋め尽くされている。僕は自分が場違いなところに来てしまったんじゃないかと悶々とした気分になったが、とりあえず夜景を拝むことにした。夜景は想像

函館山からの夜景。放射状に明かりが広がっているのが特徴的だ

以上に壮大で、思わず感嘆の声を上げてしまった。一人で来たのがもったいないくらいの夜景だった。かつては世界三大夜景に選ばれていただけのことはある。

満足した僕は、「ミートハウス」に戻って寝袋にくるまった。そういえば木崎さんから、すでに宗谷岬に着いたとのメールが来ていた。やっぱり車は速いな。

翌日からは、函館を出発して、北上していくためにとりあえず札幌を目指すことにした。まともに北海道を走り始めて気付いたが、北海道の夏は普通に暑かった。夜になると涼しいのだが、日中、日が照っていると、本土と変わらないくらいの暑さだった。実際はもう少し北部に行けば涼しかったのだが、函館近くの南部ではまだまだ30度近くの暑さだった。海沿いの道を走りながら移動していたが、北海道の田舎道はお店もなかなか出てこないので、水を求めながら走っていた。それとなぜか海沿いの道はアブが多かった。アブはハエみたいにしつこくたかってきて、おまけに刺されると痛いし痒くなるらしい。それが炎天下の中、上り坂で襲ってきたりしたから、本当に泣きそうだった。逃げたくても上り坂で自転車を漕げないし。走って逃げても自転車を押しながらなので体力の消耗が激しく、あっという間に追いつかれる。この瞬間ほど、ママチャリを選んだことを後悔した時はなかった。幸い刺されずにすんだが、もうこんなことはこりごりだった。

109〜111日目　車椅子の冒険者と日本一周チャリダー専用床屋　……………（8月18日〜8月20日）

函館を抜けた僕は、やっと北海道の主要都市、札幌まで到達した。札幌に着いて早速札幌ラーメンを食べに行くことにした。本場の札幌ラーメンはどれほどのものなのだろうか。「すみれ」というお店に行ってみたが、博多ラーメンを食べて育ってきた僕には少し口に合わなかったようだ。この日の夜は雨が降り、気温は19度。夏でもこんな気温になるなんて、北海道はやはり本州とまるで違うなと実感せざるを得なかった。

翌日は少し寄り道して、恵庭という町に行った。ここに父母の会の会員さんが住んでおられるので、そこで一日お世話になることになっている。そういえば最近、咳がなぜかよく出る。気になって病院に行ってみると、花粉かもしれないと言われた。もともと僕はスギ花粉に弱いのだが、こちらの地方は白樺やブタクサなどの花粉でもアレルギーをおこす。薬をもらったおかげで、だいぶ症状は和らいだ。

その後、無事父母の会の武田さんという方に会うことができた。武田さんから、今日は友人の猪飼さんと、新聞記者の方を紹介すると伝えられていたので、楽しみだ。武田さんは障害者スポーツ協会の指導員をされており、障害を持った子供たちとスポーツすることについて語ってくださった。

「単純に楽しいからやっているだけなんだけど、きっかけは依頼があったからかな。俺の娘や弟も障害を持っていて、障害を持った人と関わることが今まで多かったんだけど、障害を持ったお子さんの親御さんから、障害者が楽しめるスポーツはないかと聞かれてね。探してみると、だいぶ限られてくるんだよね。だったら自分で作っちゃえと思って、車椅子の子たちを山登りに連れていったりカヌーで遊ばせたりなんかして。最初は車椅子で山登りなんて無理だとかよく言われてたけど、その人の障害に応じて必要なケアとサポートがあれば無理なんかないと弟や娘と過ごしてきた中で確信があったから、何とも思わなかったね。例えば車椅子の子供たちと山登りする時なんかは、車椅子を後ろから押す人や前から引っ張る人、荷物を持つ人などに分かれて、協力し合いながら登ることで、信頼関係も築くことができるんだ。自分に障害があっても、周りの手助けさえあれば、無理なことなんてないのさ」

「障害者だから無理」だなんて思わなくていい。確かに障害の度合いによっては誰かのサポートなしではできないことも多いのかもしれないが、人と人が助け合う中で信頼関係が生まれるのも事実だ。この人にサポートしてもらえたから、この人とご縁が出来た。助けてと言いづらい今の時代こそ、必要なことなのではないだろうか。

　しばらくすると、武田さんの友人の猪飼さんという方ともお会いすることができた。猪飼さんは、車椅子で生活されているにもかかわらず、数年前仲間と一緒に車椅子でキリマンジャロに登った経歴の持ち主である。何でそんなことができ、やろうと踏み出せたのか、気にな

武田さん＆猪飼さんと記念撮影。二人に会えたことは大きな収穫であった

った僕は直接猪飼さんに聞いてみた。

「知り合いに冒険家の風間深志さんがいて、その人に勧められたのがきっかけかな。あと、もともと足が不自由になる前はよく登山してたから、山登りは好きだったね。僕は当初、自分自身の力で山を登りたいと思っていたから、他人からサポートやケアされることに抵抗があったのだけど、持ちつ持たれつの関係の中で、仲間と一緒に成し遂げる感動に気付いてね。今までいろんな山を登ってきたけど、沢山の人に支えられて登った山は、一人で登ってきた山に比べて何倍も景色が違って見えたね。車椅子の子供たちにも、自分に障害があっても夢をあきらめない大切さに気付いてもらえたらなと思っているよ」

猪飼さんと武田さんは現在、車椅子の子供たちも交えながら登山やスポーツ活動を展開させている。子供たちが障害に負けず、積極的に何でもチャレンジしてくれるようになってくれるのが楽しみだと、二人は言っていた。

3時過ぎほどに、新聞記者の方もやってこられた。地元の民報に載せたいということだったので、僕は快くOKした。むしろ大歓迎だ。「何のために旅をしているのか」など改めて質問されると、取材中に限らず自分でもなぜやっているのかたまに分からなくなることがある。取材の時は一応まともに応えるため、自分の将来と照らし合わせて答えたりしていたが、本当はそんなお堅い理由よりも、ただやりたいからやっているという意識が強かった。自分の人生なんだから、それが他人から見て不利益な生き方だったとしても、自分が満足していればそれでいい。人生の中でも「生き方」においては後悔したくないという意識が強かった。青春はやりたいことをやったもんがちなのだ。

武田さん宅で1泊して、美味しいホッケやイクラをいただいた翌日の8月20日、僕は武田さんにお礼を言って床屋へと向かった。床屋といっても、ただの床屋なんかじゃない。なんと日本一周チャリダーはただでカット、シャンプーをしてくれるという、日本一周チャリダーお墨付きの床屋なのだ。ちょうど髪もぼさぼさに伸びてきた頃なので、これは行かないわけには行かない。

あらかじめ予約していたので、到着して入店すると、どうカットするかと聞かれる。とりあえず短めにするよう頼み、髪を切り始めてもらう。カットしてもらいながら、「熊には遇わなかったか?」「ママチャリはパンクどのくらいするんだ?」「資金はどうしているんだ?」など、色々気にかけてもらえた。実はオーナーは旅の先輩、つまり元日本一周チャリダーなのである。オーナーが若い頃にされたそうなので、もう何十年も昔の出来事だが、今の時代のようにケータイもなく、インターネットもない、お店も少ない時代に日本一周をされたというのは、すごいことをされたんだなぁと思わざるを得なかった。僕の旅に限らず、いまどきの旅でケータイ電話やネットを使えないというのはだいぶ不便に感じることなのである。当時は舗装されてない砂利道も多かったから、パンクもよくしていたとおっしゃっていた。

夜が明けてからミスターバイシクルオーナーとハマちゃんと撮影

普段1000円カットしか行ったことのない僕にとって、本来カットが3000円以上するミスターバイシクルのクオリティは全く違って感じた。したことない顔そりまでしていただいたので、爽快感はこの上ない。オーナーも旅の間沢山の人からお世話になったそうなので、その恩を僕のような後輩チャリダーに送っているのだそうだ。僕も三賀森さんに言われたように、旅が終わったら何らかの形で世に還元しようと思った。

オーナーから、今日は都合がいいからお店で寝泊りしていいよといっていただき、ありがたく閉店まで待っていると、ねぶたで会ったチャリダーのハマちゃんも髪をカットしてもらうためにお店にやってきた。予想外の再会に驚き、喜び合う僕ら。その晩は日本一周あるあるトークで、オーナーも交えて盛り上がったのだった。

113〜117日目　富良野・美瑛で北海道満喫……………………（8月22日〜8月26日）

113日目の8月22日、札幌を発った僕は、富良野という場所に向かっていた。なんでもラベンダー畑やメロンが有名なところらしく、自然も綺麗らしいので、行くことにした。

そういえばこの辺りは赤とんぼが多く生息していたが、彼らは本州のトンボと違い、全く人を警戒しないのである。留まっているところを普通に捕まえられるし、指を立てていれば留まることも珍しくない。北海道は自然も綺麗だが、生き物も本州とは違うみたいだ。

今日の宿は富良野のライダーハウスである。ここも個性的な場所で、なんと500円の半玉メロンを食べれば、無料で泊まっていいというのである。本州ではあまり見かけない赤身のメロンなので、泊まりたいというより、メロンを食べたいという動機で僕は行ってみることにした。到着してみると、案の定料金が安い分、作りは古いトタン小屋のようなものだったが、お望みのメロンはしっかり賞味できた。

夏の時期は、僕のような旅人以外にも、大学の自転車サークルが北海道を走りに来ており、ライダーハウスを利用するので、この日の宿も大学生グループでにぎやかだった。泊まったものたち同士で旅の情報交換をしている。富良野には花畑や牧場が多いらしく、近くの美瑛にはまた安くていいライダーハウスや、北海道らしい雄大な景色が広がっているという。早速明日行ってみることにしよう。

翌日宿を出た僕は、まだ今日の宿に行くまで時間もあったので、富良野のファーム富田という場所に行ってみることにした。この場所は一面に花畑が広がっているそうで、広大なラベンダー畑が有名なようだ。車がほとんど通らない田舎道を自転車で駆け抜け数十分で到着した。観光バスがいっぱい停まっていたので、やはり人気の場所みたいだ。入園してみると、あたり一面綺麗な花畑でいっぱい

フラッグにとまるとんぼ。九州のトンボと違って、人を警戒しない

だ。夏なのでひまわり畑もある。しかし肝心のラベンダー畑が見つからない。気になって受付の方に聞いてみた。

「ラベンダーは6月から7月の間しか咲かないので、もう枯れてしまいました」

なんてこった。夏の間でもさらに期間が限定されてたなんて。しかしないものはしょうがない。

「次回北海道に来た時はラベンダー畑を必ず見よう」という課題を残し、僕はすぐ近くの美瑛という町に向かった。

美瑛に入ると、いくつかの観光案内板が目に入った。「ケンとメリーの木」「パッチワークの丘」「ジェットコースターの路」「セブンスターの木」などなど、どれも気になる場所ばかりだ。

一番印象的だった「ジェットコースターの路」は、1キロくらいあるのではないかというまっすぐの下り坂のあとに、まっすぐの緩やかな上り坂が続いているのである。自転車で下っていったら、ものすごいスピードが出そうだったので、僕は丘の上から眺めるだけで満足することにした。

ざっと観光した後は、今日は美瑛のライダーハウス「蜂の宿」に向かった。ここは料金が一泊500円で、Wi-Fiと漫画がある上に、隣に居酒屋が併設されており、そこで1500円以上飲み食いをすると

通称「ジェットコースターの路」。ママチャリでもブレーキなしで下れば時速50キロいきそうだ

宿代が無料になるという、恐ろしくコストパフォーマンスの高い宿である。到着すると、何台かバイクや自転車が停まっている。おそらく同業者だろう。部屋に入ってみると、同じ旅人と思われる人たちが漫画やゲームなどをしながらくつろいでいた。

「ママチャリでここまで来たの？　よくやるね〜。どこから？」

旅人同士でもだいたいこんな感じで聞かれるので、僕も相手の人にどのくらいこの宿にいるのか聞いてみた。

「最初は1、2泊のつもりだったんだけど、かれこれもう1週間になるよ。安いし居心地良くてなかなか抜け出せなくてね。あそこの『きんにくん』なんてもう2週間もいるよ」

「きんにくん」と呼ばれている男性は、ぶっきらぼうに「俺は今年は美瑛に沈没するために来てるから」と答えた。実はこの宿、旅人たちの間では「北海道三大沈没ライダーハウス」のひとつとされており、一度泊まればあまりの居心地のよさゆえになかなか抜け出せないということで、「沈没」というネーミングが使われている。なるほど確かに高級ホテルというわけではないが、自由な雰囲気と、実家のようなアットホーム感が漂っている。まるで親しい友達の家に遊びに来たかのような居心地のよさだ。僕もしばらくここに居てみようかな……。

その夜は宿のオーナーが営んでいる隣の居酒屋で、宿泊者同士でささやかな宴会をした。みんな旅人とはいえども、僕みたいに期限を決めずに旅している人よりかは、仕事をしながら有給を使って毎年北海道にバイクで来ている人が多かった。

「北海道は毎年バイクで走っているけど、まだ行ってない場所が沢山あるから、楽しみが減らないよ」

ビールで顔を真っ赤にさせたおじさんが、楽しそうに語っていた。僕も正直この旅では行けてない場所も多いし、北海道も全ての町をまわれないだろう。だがそれでもいいと思う。むしろ楽しみは取っておいたほうがいい。全部まわってしまったらもうここに来る楽しみがなくなってしまいそうだから。

8月半ばなのに夜はもう涼しく、若干肌寒いくらいだ。さっき飲んだビールの酔いが回って、この夜はぐっすり眠れた。

117日目の8月26日、「蜂の宿」宿泊3日目。あまりの居心地のよさについつい3泊もしていた僕は、今日の晩餐を最後に明日出発しようと決めていた。宿も良かったが、美瑛・富良野は本当にいい場所だった。北海道をぐるりとまわった後でも、北海道で1番か2番目にいい場所だったと思う。限りなく広がる地平線と青い空は、北海道でもここか道東くらいしか見られないと思う。今夜は沈没組で夕食会だ。キッチンが併設されているので、みんなで手分けして料理を作り、フライパンに料理をのせたまま、みんな

炭で焼く北海道のサンマはまさに絶品だった

で箸をつつきあう。北海道のチーズとジャガイモを炒めた料理が、最高に美味しかった。

七輪で秋刀魚を焼いて食べようとなったが、なかなか炭に火が点かない。すると、旅の先輩のライダーさんが「炭はこうやって燃やすんやで」と、小型扇風機を七輪に当て始めた。あっという間に炭は燃え始め、秋刀魚の炭火焼が完成した。さすが旅の先輩だ。発想がワイルドすぎる。こんな楽しい場所ならもう少し居たいが、北海道の冬は早い。10月から本格的に寒くなってくるそうなので、道路が凍ったらもう漕げないだろう。まだまだ楽しい場所はあるはずなので、僕は走り出すことにした。

118～123日目　ついに到達!!　日本最北端の宗谷岬……………………（8月27日～9月1日）

118日目の8月27日、3日お世話になったライダーハウス「蜂の宿」を出発する朝が来た。「来年は沈没しにこいよ」そう旅仲間に言われ、僕は今日の目的地に向かう。今日は北海道一大きなひまわり畑のある北竜町に行ってみよう。北竜町まではそう遠くなく、夕方前には到着できた。北海道特有の車の少ない平坦な路のおかげだろう。しかし着いてびっくり。ラベンダー畑の件と同じく、北竜町のひまわり畑もほぼ枯れていたのである。ガーンと打ちひしがれていた僕だったが、これも旅の醍醐味。旅は思い通りに行かないから楽しみが増える。次回来る時は咲いていることを楽しみに、僕はこの日久々に野宿した。

それから僕は留萌の町に向かった。ここには何と無料のライダーハウスがあるそうなので、ぜひとも行ってみたくなったのだ。無料の「みつばちハウス留萌」というライダーハウスに着いて、チェックインしていると、なにやら見覚えのある自転車が入ってきた。僕も相手も同時に「あっ!」となった。またハマちゃんに再会したのである。彼はここ数日風邪を引いていたらしく、それでペースが遅かったのでちょうどまた巡り合えたのだ。お互いに、度重なる再会を喜び合った。

宿の休憩スペースで、二人でゆっくりしながら、今日は一緒に銭湯にでも行こうかと二人で話していると、もう一人宿泊者がやってきた。どうやら僕らと同じチャリダーみたいだ。気になって見に行ってみると、何と久々に見る女性チャリダーだった。

「お二人も自転車でまわってられるんですか? 私ママチャリで旅している人初めて見ました!!」

そういう彼女の名はミユちゃん。まだ女子大生だそうで、夏休みの期間を使って北海道を含む東日本をまわり、残る西日本は春休みにまわるという計画を立てているそうだ。それにしても女性で、しかもまだ学生なのに日本一周の旅に出ようと決意するなんて、男顔負けの根性である。本当に日本をまわってみるといろんな人がいるんだなぁ。僕は世の中の広さを改めて思い知らされた。

「みつばちハウス留萌」にて。壁には旅人たちの宴会写真が大量に貼られている

「この辺で、美味しいお寿司屋さんがあるって宿の方から聞いたんで、後でみんなで食べに行きませんか？」

ふいにミユちゃんから提案を受けた。女の子と食事だなんていつ振りだろうか。今夜が楽しみだ。それから僕とハマちゃんは一緒に銭湯に行き、お互い久々に女性チャリダーに出会えたことを喜んでいた。年頃の男の話題なんて、あの子可愛かったなー、彼氏いるのかなー、など、そんなことですぐ盛り上がる。

夜になり、僕とハマちゃんとミユちゃんの3人で寿司を食べていると、明日のルートのことが話題に上がってきた。

「私明日から稚内目指して北上するんですけど、シモツカさんとハマダさんも出発します？」

「僕らも明日稚内目指して出発するよ」とすかさず僕。

「それなら明日から稚内まで3人で一緒に走りませんか？　一人で旅していると寂しいので……」

「それめっちゃいいじゃないすか！　シモツカさん一緒にチャリで走りましょう！」とハマちゃんも嬉しそうだ。

なるほどそれはいい提案だ。しかし僕はママチャリだ。クロスバイクに乗っている二人にペースを合わせられるか心配だ。

天塩のプレハブライダーハウスにて。ささやかな宴会を楽しんだ

「それでしたら、目的地を決めてそこで3人落ち合うようにしましょう。それならシモツカさんも気楽でしょう？」ということになった。

僕らは明日の目的地を天塩に決め、寿司でお腹を満たした後は、宿に戻った。しかし明日の距離を地図で調べてみると、100キロほどあった。あすはどうやらママチャリ旅初の100キロ越えになりそうだ。何とか無事越えられるだろうか……。自分の体力と相棒のママチャリを信じて、僕は床についた。

翌日29日の朝7時ごろ、ハマちゃんはもう少し寝てから出るというので、僕とミユちゃんは先に出発することにした。走りながら、お互いなんで旅に出たかなど話したりする。彼女曰く、自分は自然環境を勉強する学科に入っており、自分の目と体で日本の自然や環境を見て感じたいので、自転車での日本一周を選んだのだとか。なるほど素晴らしい理由だと僕は思った。

僕が学生の頃にはそんなこと微塵も考え付かなかった。最近の学生さんはしっかりしているんだな。

しばらく走り続けていると、いくつか上り坂が出てきた。緩い坂だったので、最初のうちはがんばって立ち漕ぎで乗り越えていたが、3つ目の坂くらいでもう立ち漕ぎできる体力は残っていなかった。ミユちゃんはまだ余裕といった感じだったので、先に行ってもらうことにした。こんなところで僕にペースを合わせてもらっては、さすがに申し訳ない。

さて、一人で黙々と自転車を押しながら坂を登っていると、後ろからハマちゃんが走ってきた。

「だいじょうぶですかー？」

僕はまだ何とかいけそうだと告げると、彼は安心したように坂を越えていった。いいなぁ。やっぱりクロスバイクは坂に強くて便利だなぁ。

夕方にはどうにかこうにか今日の目的地に着いた。もうミヨちゃんは着いていたが、なぜか先に行ったハマちゃんは到着していなかった。しばらく待っていると、ハマちゃんが向こうから走ってきた。

「あれぇ、何でシモッカさん僕より先にいるんですか？　確かに追い抜いたはずなのに〜」

確かに何でだろう。よくよく話を聞いてみると、彼は途中にあった道の駅で、ほんの少しだけ休憩してたんだとか。なるほど、その間に僕が追いついて追い越してしまったのかもしれない。でもこれじゃあまるでウサギと亀じゃないか。しかしまぁとにかく、無事１００キロの道のりを越えられてよかった。ママチャリで１日に１００キロ走るなんて、車や信号の多い本州に戻ったら、もうなかなかできないだろう。

今夜もまたライダーハウスに宿泊し、明日の稚内も3人で目指すことにした。この日のライダーハウスはプレハブ小屋をそのまま寝泊りできるように改築した場所で、無人の宿だった。男性用と女性用に分かれていたので、僕らは別々に分かれて寝た。しかし一緒に泊まっていたライダーのおっちゃんのいびきが凄まじく、眠りに入るタイミングを逃した僕は、この晩結局一睡もできなかった。

翌日の8月30日、今日でついに北海道の稚内に到着だ。稚内まで行けばもう最北端も目と鼻の先のようなものだ。昨日のいびきのせいで、一睡もできずに疲れ気味だが、今日は特に油断できない。オロロンラインが待ち構えているのである。オロロンラインとは、天塩から稚内の間に40キロほど続く直線道路で、その間一切コンビニやお店は現れない。住宅地もなく、あるのはただひたすら続く道と地平線だけである。こんなところで自転車が壊れたりなんかでもしたら、大変である。僕らはあらかじめ近くのセイコーマートで水分と食料を買ってから、出発した。

今日はアップダウンも全くない道なので、3人で縦列になり走った。天気も快晴で、道の見通しもよく最高の気分だ。オロロンラインに入ると、さっきまで道の端にあった風車や交通標識もなくなり、空と大地だけ。まるで二次元の世界に入ったようだ。まっすぐ続く道を眺めても、地面と空がくっついて見えるだけで、それ以外は何も見えない。たまに車やバイクが走り去るが、視界に入ってからすれ違うまで30~40秒くらい時間がかかる。正面から走ってきたバイクがすれ違いざまに親指を立ててサインを送ってきたので、僕らも親指を立ててサインを送り返す。北海道の旅人同士の挨拶みたいなものだ。

まっすぐな地平線にくっつく真っ青な空は旅をした中で最高に綺麗な景色だった。この景色は北海道じゃないと見られないだろう。しばらく3人で走っていると左側に立派な山が見えてきた。地図を見てみると、どうやら利尻島の利尻富士みたいだ。この先には離島もあり、礼文島と利尻島がある。僕は9月2日に礼文島に行くことになるのだが、この時はまだ行こうとは思っていなかった。

オロロンラインにて記念撮影。車は1分に1台来るか来ないか程度

走り続けていると、ここで向かい風が吹き付けてきた。周りに何も障害物がない分、風の勢いは凄まじい。でも今日は3人一緒に走っているのだから、向かい風なんて怖くない。縦列で走っているので、前方の人が風をさえぎってくれれば、後ろの人は風の抵抗が少なく走れるのである。僕らは代わる代わる前後を交代しながら、向かい風の中を進んでいった。

走っているうちに、ついに稚内の街まで入った。街の中に、まるで野良犬のように何匹かの野生のエゾシカがうろついていたのは驚いた。近くの山から降りてきたのだろうか。稚内のシカは奈良で見たシカとは違い、体は大きく角も立派であった。

今日の宿は2500円のうに丼を食べたら泊まれるというライダーハウスである。到着して、風呂に入ったりした後に本場のウニ丼をいただいた。僕は今まで瓶詰めのウニしか食べたことがなかったので、ウニはあまり美味しくないものと思っていたが、北海道のウニの味は九州で食べるのと全く違って感じられた。ほんのり磯の香りがして、甘かったのである。これを食べただけでもこの宿に泊まった甲斐があったといって良いだろう。

稚内の町をうろつくエゾ鹿。奈良の鹿よりだいぶたくましい

夜になると、宿のオーナーが酒とつまみを持って僕たち宿泊客のいる部屋まで来てくれた。オーナーは漁師をされている方だそうで、男気あふれる人情深い感じの人だった。他のライダーさんもいて、

ほとんどみんな初対面同士だったが、オーナーが場をとりなしてくださったおかげで、この日は楽しい宴会となった。

翌日、稚内まで来たので、僕はとりあえず先に宗谷岬まで行くことにした。ついに旅人の聖地である宗谷岬に到着できるのだと思うと、早くこの目で見たいという思いと、もう旅も折り返し地点なのかという複雑な思いだった。着いてみると、観光客が多く、沢山の人たちが記念撮影をしていた。僕も早速モニュメントの前に行き、相棒のママチャリと一緒にとってもらう。もうこの1枚だけでも、自転車で日本一周したんだと言い張れそうだ。

そういえば僕は札幌のミスターバイシクルのオーナーから手紙を渡されていたのを思い出した。最北端に着いたら手紙を出してほしいと頼まれていたので、早速日本最北端の郵便局から手紙を書いて出した。それにしてもこの辺りは「最北端のガソリンスタンド」やら「最北端の食堂」など、やたらに最北端をブランド化しているのが目につき、なんだか見ていておかしかった。

ついに日本最北端の地に到達！！ママチャリで福岡からここまでかかった日数は123日だ

124～128日目　日本三大馬鹿ユースホステル最後の生き残り「桃岩荘」……（9月2日～9月6日）

宗谷岬にとりあえず行った後、僕ら3人はこれからまた別々の道を進むことになった。ミユちゃんは道東には進まず、内陸を走って函館まで戻り、出発地の四国まで折り返すと言っていた。ハマちゃんはこれから宗谷岬を見て、道東へと進むそうだ。そしてこの僕は、礼文島に面白いユースホステルがあると聞いたので、行くことにした。旅は出会いと別れの連続だが、出会った人とはまたどこかで会えるに違いない。なんたってママチャリさえあれば日本中どこにだって行けてしまうのだから。僕らはまたどこかで会えることを信じて、お互いの旅路へと向かった。

さて、また一人に戻ってしまったわけだが、その分新しい出会いも増えそうだ。一人になればその分足取りが軽くなるので、気兼ねなく自由に動き回れる。更なる出会いを求め、僕はフェリーに乗って礼文島へと向かった。

フェリーが礼文島に近づいていくと、「ようこそ礼文島へ」の文字が見えてきた。到着して、早速お目当ての宿に向かう。その名も桃岩荘。かつて日本三大馬鹿ユースホステルのひとつとして全国に名を馳せたそうだが、今では残りのふたつは時代の流れと共に衰退してしまい、毎晩ドンチャン騒ぎをやっているのはここだけみたいだ。

宿に着くと、早速盛大なお出迎えを受けた。太鼓やラッパを鳴らしながら歓迎するものだから、一瞬面食らってしまった。宿の運営は若いヘルパーさんたちが支えており、みんな人一倍明るくてキャラの濃い人たちばかりだった。ヘルパーのアベちゃんはひげが濃くて渋い声をしているのに僕より年下だったり、同じく坊主頭のミッチーは、9月の北海道は少し肌寒いのに半そで半ズボンで騒ぎ立てる元気な青年だった。

このユースホステルには夜になると、伝統行事ともいえる「ミーティング」を行っている。昔はどこのユースホステルでもやっていたみたいだが、今はそもそもユースホステルの数そのものが少ない。しかしここのミーティングはだいぶ賑やかで、歌ったり踊ったりしながらこの礼文島の紹介をするのである。さらにはヘルパーさんたちの茶番劇も交えながら島の紹介も聞けるので、「馬鹿ユースホステル」の名に恥じないほどの楽しい宿だなと思った。

ミーティングが終わった後、ヘルパーのアベちゃんと話す機会があったので、なぜここでヘルパーをやっているのか聞いてみた。

「僕も元はといえば放浪の旅をしていた身なんだけど、ここに泊まってからここの魅力に取り付かれちゃってね。毎日歌って踊って騒いでるから、声もガラガラだし、手拍子しまくって手もボロボロなんだけど、初めて会ったお客さんとも最終的には家族みたいに仲良くなれるから、ここが大好きなのさ。毎日精一杯生きていて本当に楽しいよ」

離島に住みながら生活しているより、普通に本州に住みながら生活

茶番を交えながら礼文島の紹介をするヘルパーら。茶番が面白すぎて礼文島のことが頭に入ってこなかった

しているほうが、物質的にも金銭的にも恵まれているかもしれない。しかしそれが必ずしも幸せとは限らない。アベちゃんは服も手もボロボロだったし、ヘルパーには食事が出る代わりに給料はほぼ出ないといっていたが、それでも彼の姿は生き生きしていた。むしろ普通に働きながら生活している人以上にエネルギーにあふれていた。生き方にとらわれなくていい。自分の好きな場所で、心の赴くままに生きればいい。そうすれば自分が一番輝けると、アベちゃんは教えてくれているようだった。ありがとうアベちゃん。

桃岩荘で数日過ごして、9月6日に稚内へと戻ることにした。フェリーで出発するので、宿に残ったヘルパーさんたちと、宿泊客たちが出航の見送りに来てくれた。残ったみんなが、桃岩荘で歌った歌を歌いながらフェリーの下で踊っている。ボォーっと汽笛が鳴り、フェリーが出港し始める。フェリーが進むにつれ、どんどんみんなの姿と島が小さくなっていく。

「またこいよーーーー!!」

ヘルパーさんたちが港で叫んでいる。

「また来るよーーーー!!」

僕も港に届くように大声で叫んだ。家族のようにみんなと仲良くなれた分、別れるのはとても寂し

島から出る宿泊客を見送るヘルパーと残りの宿泊客。一度桃岩荘に泊まれば僕らはファミリーだ

かった。しかしまだようやく旅は折り返し地点に来たところだ。これからまた新しい出会いがあるはずだ。生きているうちに必ずもう一度礼文島に行こう。

128〜135日目　道東を走る　稚内から根室まで……………………（9月6日〜9月13日）

礼文島から出た後、僕は稚内から道東のほうへと向かっていた。道東はほとんど何もなく、道がずっと続いているらしい。それに熊や狐がよく出るとも、旅人同士の間でよく聞かされていた。ライダーハウスで会った旅仲間の話では、道東でテントを張って寝ていたら、狐がやってきて靴を片方持って行かれたという話を聞かされた。しかし北海道の狐には触るなと、よく出会った旅人から聞かされていた。どうやら北海道の野生の狐は、エキノコックスという寄生虫を持っているらしく、これにかかると命の危険にさらされるそうだ。可愛くても近づかないようにしておこう。熊も道東に多いらしく、実際に人が熊に襲われたという新聞記事も見た。熊は走ると時速40キロもスピードが出せるという。ママチャリは平坦な道では、がんばっても時速30キロが関の山なので、追いつかれるのは間違いない。ただただ出会わないことを祈るばかりだ。

道東に入ると、まず最初に訪れた場所は、猿払村というところだった。日本最北端の村であり、漁師さんが多いのだと聞いた。今夜の宿は、「ライダーハウスやませ」。部屋は1階と2階に分かれていて、1階は僕一人だったので、久々にライダーハウスでゆっくりできた。面白いことに、押入れに人が寝られるように、蛍光灯や棚をつけたりと改造されていた。僕は迷わず押入れで寝ることにした。少々狭かったが、不思議な安心感と、押入れで寝られるという特別感を味わいながら熟睡した。

道東に入ると、本当に建物が少なく、斜里や根室辺りまで行かないとまともな町はなかなか現れない。猿払の後に訪れた乙忠部では、次のコンビニが出てくるまで30キロという場所だったので、そこで寝泊りすることにした。しかし、いつもよく寝ている公園やお寺もないほどの小さい町だったので、そこにあった小学校に行き、子供たちが登校するまでにテントを畳んで撤収するので、どうかグラウンドで一泊させてほしいと職員室に居た学校の先生にお願いした。幸いそれならということで、快くグラウンドに一泊させていただいた。それにしても旅をしてだいぶ神経が図太くなったと思う。まさか学校の校庭にテントを張って寝るハメになるとは思っていなかった。

翌朝はねぼすけの僕もさすがに早起きして、校庭を後にした。学校の校庭で寝るなんて今後もうないだろう。この日も天気は良好、道もアップダウンが少なく、走りやすかった。農場の脇を走っていると、ロール状になった牧草がたくさん牧場に転がっているのが見えたり、海沿いの広々とした牧場で牛や馬が牧草を食べているのが見える。実

学校の校庭にて宿泊。後にも先にも校庭で寝ることはないかもしれない

にのどかな風景だ。こういう景色はやはり北海道でも道東特有のものだろう。

夕方までには、湧別町に着いていた。近くにはサロマ湖という、小さな小島のある湖も見える場所だ。今日の宿はＳＬに泊まれるライダーハウスがあると聞いたので、そこに行ってみる。宿のオーナーに宿泊客はまだ僕しか来てないと言われた。もう少ししたらライダーの客が来ると言われたので、僕は駅長室のほうに泊まることにした。駅長室といっても、１階建ての小さな小屋だ。シャワーを浴びたりしながらくつろいでいると、宿泊客のライダーさんが来られた。聞けば愛知のほうから来られたのだとか。バイク屋の社長をされている方だそうで、ホンダのカブは旅に最高だと言っていた。僕はまだバイクに乗ったことはないが、カブはリッター１００キロ走るとか、荷物を積みやすい、壊れにくいなど教えてくれた。今度北海道に来る時は、ぜひカブで走ってみたいなぁ。

朝になり、今日は網走に行くことにした。ライダーさんは、もし愛知まで来たら一緒に酒でも飲もうと言ってくれた。これで先へ進む楽しみがまたひとつ増えた。宿を出て、網走に向かっていると、途中で他のチャリダーさんに出会った。彼も日本一周中で、これから網走監獄に行くと言っていたので、僕も後から寄ることにした。

道東にある海沿いの牧場。牛たちをさえぎるものは何もない

網走監獄に着くと、ちょうど先ほど出会ったチャリダーさんと再会できた。チャリダーさんの名はコタローさん。これも何かのご縁なので、一緒に監獄内を見学することにした。ちなみに僕らが見学した監獄は博物館としての跡地で、実際の網走監獄は少し離れた場所にあった。

そこにはこれでもかというくらいの沢山の囚人と看守の蝋人形が展示されており、どれも表情が生々しかった。まるで極寒の地で重労働させられていた囚人たちの思いが表情に表れているようだった。

監獄内を見学して、チャリダーのコタローさんと一緒に今日の宿である斜里のライダーハウスに向かった。ここはとても規模の大きいライダーハウスで、美瑛の蜂の宿と同じく「北海道沈没ライダーハウス」のひとつに入る。何せここは1階と2階に大部屋が在り、十数人が泊まることができ、隣の別館は漫画とゲームが大量にあふれている。料金も1泊500円と格安だ。おまけにここの風呂は源泉かけ流しの温泉なのである。これは泊まらないわけにはいかないだろう。

夕方に到着すると、すでに沢山のチャリダーとライダーがキッチンで宴会の準備をしていた。中にはねぶた祭りで会った面々もいた。ほとんど一人で旅している中、久々に知り合いに会えるとやはり嬉しいものである。それからは僕も近くのセイコーマートでお酒やつまみを

ライダーハウスにて宴会。初対面でも同じ釜の飯を食えばもう友達だ

買って、宴会に参加させていただいた。持ち寄りの食事の中には、イクラ丼や、すき焼き、サーモンも出てきて、こんなにいいもの食べていいのかとためらったほどだった。夜は少し肌寒いので、薪ストーブを焚きながら蒸かした北海道のじゃがいもは乙な味だった。みんな旅でいろんな出会いを重ねてきた人ばかりで、フレンドリーな人ばかりだった。こういう旅人同士の交流はやはり楽しいものだ。

斜里のライダーハウスで過ごした数日後の9月13日、僕は根室に向かっていた。根室には日本最東端の地である納沙布岬がある。日本最北端の宗谷岬に行ったのだから、最東端や、最西端、最南端にも行ってやろうという思いが、僕の中に湧いてきていた。朝テントで目を覚まして外に出てみると、外灯の明かりで寄ってきていたのか、蛾やカメムシがテントに張り付いていた。しかしここまで旅を続けているともうそんなことも気にならない。だいぶたくましくなってきたなと自分でも感じていた。

走っていると雨が降ってきたので、レインコートを羽織って走行する。少し気温が低めだったので、レインコートの中が蒸れることもなく、ちょうどいい状態でしばらく走っていた。しかし雨はなかなかやむ気配がない。道路わきには水溜りが多かったが、かまわず水溜りの上を走行していると、急にタイヤのバランスが崩れた。じつは水溜り下のアスファルトがひび割れていたため、そこにタイヤが入りこみバランスを崩してしまったのである。水溜りの水面が反射して、アスファルトの状態がよく見えなかったのをもっと注意すべきだった。バランスを崩してしまった僕とママチャリは、大きく道路側に転倒してしまった。後ろから来ていた車がとっさに急ブレーキで止まる。

「だいじょうぶか～!!　もう少しで轢き殺すところやったぞ!!　気をつけろや!!」

僕はただすみませんとしか言えなかった。幸い怪我はかすり傷程度だったが、自分の不注意で危うく他人に迷惑をかけてしまうところだった。いつも誰かの助けがあったからこそ、ここまで来られたのに、周りに対する気遣いが足りなかったからああいうことが起こったのだと、僕は自分勝手な行動を反省せざるを得なかった。これからは周りのためにも、もっと安全に気をつけて走行することにしよう。

気を取り直して自転車を走らせようとすると、なんだか思うように進まない。いやな予感がして自転車を見回してみると、前輪のカバーがさっきの衝撃で曲がり、タイヤに引っかかっていた。元の状態に戻そうとしてみるが、なかなか思ったとおりに戻せない。どうしたものかと困っていると、後方からチャリダーさんがやって来られ、「どうかしましたか」と話しかけてくださった。僕が事情を説明すると、彼は「ちょっと力技ですけど」と言い、あっという間に曲がっていたカバーを元に戻してしまった。僕がびっくりしてお礼を述ると、「お互い安全第一で旅をしましょう」といって、颯爽と走っていってしまった。これにはもうただただ感謝するしかなかった。おかげさまで自転車も無事走れるようになった。それにしても僕は毎回誰かに助けてもらってばかりでまだほとんど周りに恩送りを出来ていない。こんな自分に不甲斐なさを感じそうになる時もあるが、たとえ旅が終わって日常生活に戻っても、ためらわず目の前の困っている人に手を差し伸べたい。その思いは僕の中でどんどん強まっていった。

その後は雨も止み、無事に納沙布岬に辿り着けた。これで北海道の東西南北全てに足を踏み込んだということになる。後はこのまま函館へと向かうだけだ。

この納沙布岬に来たのは、ただ最東端の地に来たかっただけではない。ここでしか食べられないサンマ丼を食べたかったからである。納沙布岬のすぐ近くの鈴木食堂という店に行けば、サンマ丼が食べられる。おまけにライダーハウスも併設されているので、今夜はここで過ごすことにしよう。お店に入ってみると、気前のよさそうなおばちゃんとおっちゃんが出迎えてくれた。早速サンマ丼を頼んだ。いつも焼いたサンマしか食べたことがなかったので、どんなものだろうと楽しみにまっていると、「へいおまち」と、サンマの刺身で埋め尽くされたどんぶりを持ってきてくれた。しょうゆと七味唐辛子をかけていただくと、脂がのっており、身がしまっていて大変美味しかった。やはり北海道の魚は脂がのっていて違うなとしみじみ思った。雨の中の走行で体力も相当使っていたので、大盛りで食べたのにすぐお腹が減ってきたが、今日はもう休むとしよう。夜は併設してあるお風呂に入らせていただき、ビールを飲みながら、店のおばちゃんにサンマ丼の作り方を教えてもらったりなんかして、この日の夜は更けていった。

日本最東端「納沙布岬」到着！！すぐ近くにサンマ丼で有名な「鈴木食堂」がある

141〜142日目　沢山の仲間に恵まれたカヌー体験……………………（9月19日〜9月20日）

最東端の根室を発った僕はそのまま沿岸沿いに西へと進み、厚岸や釧路を経由した後、帯広という町まで来ていた。ここにも「ヤドカリの家」というライダーハウスがあり、そこを拠点に帯広の町を堪能していた。帯広の町は、スイーツとカレーが有名で、僕は滞在中沢山食べ歩きしてしまった。

だが、ただ食べるために帯広に来たわけではない。実は恵庭で会った武田さんから、9月20日に白鳥湖という湖で車椅子の子供たちや、ボランティアの学生さんを交えてカヌー遊びをすることになったので、シモツカ君も来ないかとお誘いを受けたのだ。カヌーなんて滅多にできないから面白そうだし、また自分の障害に対して気付けることがあるかもしれない。そう思って僕もカヌー遊びに参加させていただくこととなった。武田さんが車で湖まで連れていってくれるので、カヌー前日に恵庭まで向かうことにした。しかし帯広から恵庭まで自転車で行くとなれば、本来自分が進みたいルートより遠回りになってしまう。どうやって行こうか考えたあげく、ヒッチハイクで行くことにした。交通費も浮くし、またいろんな人に出会いながら恵庭に行けるはずだ。宿に荷物と自転車を置かせてもらい、近くのスーパーでマジックペンと空のダンボールを調達

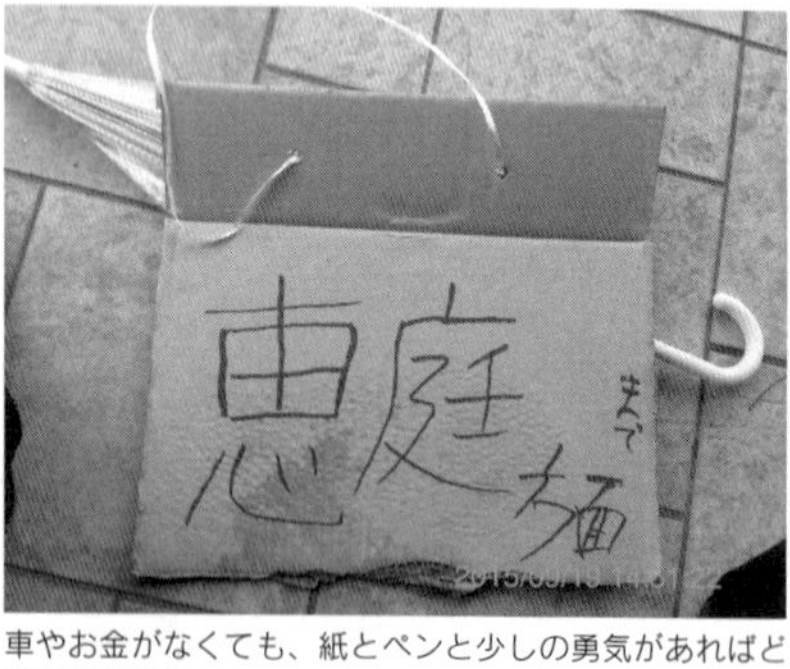

車やお金がなくても、紙とペンと少しの勇気があればどこでも行ける

する。ダンボールに「恵庭まで」と書いたら、後はそれを走っている車に見えるように、歩道から掲げるだけだ。最初はなかなか止まってくれなく、粘っていると、通行人のおばちゃんが「ここじゃなかなか止まらん。駅のロータリーでやったがええ」と、僕をわざわざ近くの駅まで案内してくれた。そこでやってみると、わずか10分程度で、「ちょうど恵庭にある家に帰るところだから、乗せてあげる」という車が現れた。おまけにレクサスである。まさかこのおばちゃん、ヒッチハイクのプロだったのだろうか。何にせよ案内してくれたおばちゃんと乗せてくれた方には感謝の気持ちでいっぱいだった。やる前は乗せてもらえるか不安だったが、またこうして誰かの助けで先に進むことができた。やはりなんでも挑戦することは大事なのだ。

おかげさまで恵庭についた僕は、乗せてくれた方にお礼を言って、無事武田さんと落ち合えた。ヒッチハイクで来たといったら、武田さんは目を丸めていた。その後は一晩武田さんの家でお世話になり、翌日の朝に武田さんと車で白鳥湖に向かった。

白鳥湖に着いて、カヌーの準備をしていると、だんだんと人が集まってきた。ボランティアの学生さんや、車椅子の子供たちも沢山いる。自己紹介しながらみんなに挨拶していると、「あなたがあのママチャリのシモツカさんですか⁉」となぜかみんな僕のことを知っている。どうやら武田さんが僕のことをみんなに話したみたいだ。なんだかちょっとした有名人になった気分だった。

その後以前武田家で会った猪飼さんも来られて、全員揃ったのでみんなでカヌーに乗って遊ぶこととなった。カヌーは複数人乗ることができ、みんなの息を合わせてオールを漕ぐことでカヌーを操作できる。僕なんかは不器用で、上手く漕ぐのは難しかったが、みんなと息を合わせて漕ぐことができたのは嬉しかった。子供たちも、普段できない遊びをやって、とてもはしゃいでいた。カヌーも終わり、学生のボランティアさんと一緒に片付けている時に、ボランティアの一人の男の子が僕にこう言ってくれた。

「シモツカさんの旅は、見る人みんなに勇気を与えてくれていると思います。障害があっても、ママチャリで旅しているなんて、自分にも自転車旅が出来そうだとすごく励みになりました。また北海道に来たら一緒に遊びましょう」

自分のしている旅が、誰かの励みになっているなんて、考えたこともなかったが、彼のこの言葉のおかげで、自分の旅は自分だけでなく、周りの人にも意味のある旅だと気づくことが出来た。普段の生活でも同じことかもしれない。自分が何かに一生懸命打ち込んで頑張っていれば、それが誰かの励みになったり、誰かに勇気を与えているのかもしれない。もしそうなら、それを達成した時の喜びは、自分だけではなく、相手にも与えることができそうだ。そう思うと、ますます日本一周を達成したくなった。これからもっと沢山の人に勇気を与える人になりたいな。それが障害を持った、僕にしかできないことなのかもしれない。

白鳥湖のカヌー遊びにて。子供たちや学生ボランティアさんと交流の時間が持てたのは大きな価値であった

144〜145日目　潮風に吹かれて襟裳岬へ……………………（9月22日〜9月23日）

武田さんと別れて再びヒッチハイクで無事に帯広へ戻った後、僕は帯広を発って襟裳岬を目指していた。北海道の下部のとんがっている場所の先端が襟裳岬だ。襟裳岬は霧の襟裳岬とも呼ばれ、よく霧がかかっているそうだ。根室で転倒したこともあったので、僕は身構えていたが、天気は良好で霧は出そうにない。ひょっとしたら今日は当たりの日なのかもしれない。

海沿いを走り続けていると、黄金道路と呼ばれている国道336号線が現れた。別に黄金に輝いているわけではないのだが、なんでも総工費に黄金が敷き詰められるほどの費用がかかったので、そう呼ばれているらしい。黄金道路の潮風はとても荒く、波が岸壁を打ちつける音に迫力がある。走っていると、岸壁に打ち付けられる波のしぶきが、防波堤を越えて自転車と僕に降りかかってきた。しょっぱい!!　でもなんだかここでしか味わえないアドベンチャーという感じで、僕と相棒のママチャリは波しぶきの中を、遊園地のアトラクションで楽しむかのように駆け抜けていった。

ふと道の端を見ると、なぜか馬糞ウニが転がっている。波しぶきで

黄金道路にて、生ウニを食べるカラス。僕もカラスになれば毎日ウニ三昧できるだろうか…？

一緒に飛んできたのだろうか。そう思っていると、カラスがどこからともなく飛んできて、くちばしでウニの殻をかち割った。どうやらこのカラスが海辺から持ってきたようだ。カラスは美味しそうに、ウニの身を啜っている。北海道のカラスは都会のカラスと比べてなんて贅沢な食事をするんだろう。ウニなんてまだ僕だって北海道で一度か二度くらいしか食べたことないのに。

ようやく襟裳岬が見えてきた。最後の坂を乗り越えて到着すると、ライダーや観光客が沢山来ていた。ここも宗谷岬と同じく、観光地化しているようだった。岬のほうは風がとても強く、石碑にも「風極の地　襟裳岬」と書いてあった。今日が晴れでよかった。雨が降っていたら、台風みたいになっていたかもしれない。

森進一でおなじみの襟裳岬。何もないことはなく、近くに土産屋がある

148〜151日目　雨と坂を乗り越えて……函館へただいま　……………………（9月26日〜9月29日）

もう北海道も残りわずかとなってきた。僕はもう北海道南西部の苫小牧や室蘭を越えて白老町という所まで進んでいる。もう少しでこの北の大地を一周できそうだが、僕はなんだかかぐや姫になった

ような気分だった。こんなに楽しくて出会いのいっぱいあった場所なのに、もう本州へ戻らないといけないというのは、かぐや姫が大好きなおじいさんとおばあさんから離れるように、とても寂しい気分だった。でも北海道はまるで僕を追い出すかのように、どんどん気温を下げてきている。時期も9月26日と、もう北海道の夏も終わっている。聞いた話では、北海道の山の方ではもう初雪が降ったそうだ。もっとこの土地に居たいが、さすがに地面が凍ったりなんかすれば、自転車も漕げなくなるので、僕は急かされるかのように北海道脱出に向けてペダルを漕ぎ進めた。

この日9月26日の白老町では、雨が降っていて、寝泊りする場所を探すのに苦労をした。なんだかここまで野宿に慣れてくると、「宿に泊まったら負け」などという変なプライドを持ってしまい、台風になった時ぐらいしか宿に泊まらないと心に決めていた。しかし探し回っても、この辺りには東屋などがある公園はない。負けを認めて民宿を探そうかとしていると、近くの食堂の敷地の奥に、ビニールハウスのような建物が見えた。作物を作っているようではなく、屋根だけしかなかったので、何か別の用途で使うものなのかもしれない。ひょっとしたらあそこなら寝泊りできるかもしれない。そう思った僕は、早速その食堂へ行き、「敷地にテントを一晩だけ張らせてください」と交渉して許可をいただいた。これでなんとか今日も野宿を貫き通せた。ここなら屋根も大きく、雨に濡れる心配

今夜の寝床はビニール屋根の下。屋根があるだけで快適性は5割り増しだ

もない。外は夜まで土砂降りだったが、屋根と敷地を借りられた僕は、この日ぐっすり眠れた。

白老町を乗り越えて、いよいよ明後日には函館に到着するとなった27日の晩、僕はねぶたで会ったハマちゃんと、網走で会ったコタローさんと豊浦の道の駅で合流していた。もう函館まで大体150キロといったところだ。SNSでそれぞれつながっていたので、みんなで函館へゴールしようということになったのである。晩ご飯を食べて、明日に備えて寝る。正直もう函館なんて余裕だろうと思っていたが、まさか明日が北海道最後の難関になるとは思っていなかった。

翌日、野宿していたテントを見てみると、結露していた。まだ10月にもなっていないのに、気温がぐんと下がってきているのが分かる。結露していたテントを手持ちの布切れで拭いて、僕らはそれぞれ出発した。今日の目的地は100キロ行った先にある道の駅である。朝7時くらいに出発したので、何とかなるだろうと思いながら走る。以前なら1日100キロなんて無理だと思っていたが、北海道の走りやすい道と涼しい気候のおかげで、本州にいた頃より断然進めるという自信がついていた。

しかしここで今日最初の難関である雨が降り始める。かなりの土砂降りであり、レインコートを着て走ることにする。すると更なる難関として、上り坂が現れた。ママチャリを漕げるような坂ではなかったため、仕方なくママチャリから降りて押して上るも、今度はレインコートの中が蒸れて汗だくになってきた。防寒性能もあるレインコートも着ながら、坂を上ったりなんかしていれば、こうなるのは当然のことだった。しかも上り坂はすぐには終わらず、3、4キロぐらいの長さはあったと思う。その間ずっと雨に打たれながら坂を上ったので、だいぶ体力を消耗してしまった。どうにかこうにか坂を越えた後は下り坂だ。下り坂を下った先にはもう上り坂はなく、平坦な道が続くだけだ。雨も止み、やっとまともに自転車を漕げそうだ。

しかし今日最後の難関として、強烈な向かい風が吹いてきた。向かい風のせいで、平常時の時速は12、13キロなのに対し、時速7キロくらいになってしまった。目的地の道の駅に早く着きたいので、一生懸命漕いでみるも、ひざが疲れてきて、お尻も痛くなってきていた。それでも途中休憩を挟みながら進んでいると、長万部の町に入っていた。ここのカニ飯は有名らしく、カニ飯のバイキングの店もあったので、そこで昼食を摂ることにした。

昼食を摂った後は、バイキングで食べまくってはちきれそうな腹に刺激を与えないようにしながら、僕は先へと進んだ。そこからは向かい風も止んでおり、やっと自分のペースで走り出すことができた。食後最初の二時間辺りは、カニ飯の食べすぎでママチャリで走るのが相当苦しかったが、夕方ごろにはもうお腹がすいていた。やはりチャリダーにとっては、食べ物はガソリン代わりみたいなものなので、体力を使う分燃費も激しいのだなと実感した。それにしても、今日は特に疲れた。もうこの日は函館まで残り40キロというところまで来ていた。これなら、明日の昼前後には函館に着くはずだ。目的地の道の駅に到着すると、ハマちゃんやコタローさんも、すでに道の駅でくつろいでいた。

合流すると、お互いに「今日の雨は本当に嫌気がさした」「あの峠の坂は長かった」「向かい風がすごかったよね」などなど、今日の感想を口々に言いあった。僕がカニ飯の食べ放題がすごく美味しかったというと、コタローさんは「なんだよ～俺にも教えてくれよ～。すっげぇ行ってみたかったたし

〜」と愚痴っていた。

翌日の天気はからりと晴れていた。午前中に出発した僕らは、昼ごろにようやく無事函館に辿り着くことが出来た。これで晴れて北海道一周完了だ。約1カ月半ぶりに帰ってきた函館は、まるで実家に帰ってきたような安心感を覚えた。

それから僕は10月1日のフェリーで出発するまで、函館をまた少し観光することにした。まずは実家の家族にカニやウニを送ろうと品選びをしに、市場に向かう。どの店で買おうか迷っている暇もなく、お店のおばちゃんの押しが強くて、すぐに買ってしまった。僕が押しに弱いだけかもしれないが、送られたカニとウニを食べた両親は喜んでいたのでまぁ良しとしよう。

今夜の寝床は、ハマちゃんに教えてもらった「自遊旅」というゲストハウスにすることにした。何でもこのゲストハウスは、オーナーの元生家だそうで、それをご自身で改装してゲストハウスにしてしまったというのだから、すごいバイタリティーだと思った。それにオーナーご自身は60代を超えているが自転車旅が好きで、自転車旅の本を自主制作したり、講演会もやっていると言っていた。そういうのを聞いて、僕は最初「ノウハウや技術を元々持っていたんだろう」などと思っていたが、オーナー曰くそんなものはなく、生家をゲストハウスに改装したのも本を自主制作したのも全部独学で調べてやったと言っていた。それを聞いて僕も負けてられないなと思った。僕は将来やりたい仕事はまだはっきり決まってないが、やる気と工夫さえあれば、自遊旅のオーナーみたいに、何でもできるんじゃないかと思った。

もちろん仕事をやる上で、自分の障害は壁になりうるかもしれないが、障害を背負ってがんばった分、必ず自分の自信と強みになるはずだ。それはもうここまで僕が障害を持ちながらママチャリで走ってきた中で自分自身よく分かっていた。「これだけのハンディを背負いながらここまでやってきたんだから、ちょっとやそっとの世間の荒波になんて飲まれないぞ」という自信が、僕を旅に出る以前の自分より強くしていた。それにハンディを背負いながらがんばっている姿は、必ず周りの人に勇気を与えるだろう。自分が周りの人より不利な状況であっても、それを乗り越えた分自分の強みになる、そう捉えると障害は必ずしも自分の足を引っ張るものなんかじゃなくて、自分を強くしてくれるものでもあるのかなと気付くことができた。

　こうやって今まで気付くことのできなかった価値観に気付くことができたのも、人との出会いがあったからこそだった。出会った人の数だけ、自分の視野が広がるのかもしれない。これから太平洋側を南下したら、どんな人たちとの出会いが待っているのだろうか。僕は自分の視野がどんどん開けていくことにワクワクしながら、北海道最終日まで函館を楽しんだのだった。

さらば北の大地。今帰るよ本州へ

自転車で日本一周、左手の指がない下司啓太さん

頑張る姿で仲間を応援

生まれつき左手の指がほとんどない障害を持ちながら、自転車で日本一周に挑戦している下司（しもつか）啓太さん(23)＝福岡県福岡市＝が19、20の両日、恵庭に滞在して知人宅で交流を深めた。下司さんは「（自身の）障害を障害と思ったことはない」と言い切りつつ、「障害を持つ人の励みになれば」と強調している。

下司さんは車椅子で日本一周をした人がいることをテレビで見て「自分にもできるんじゃないか。今しかできないことをやってみたい」と自転車での日本一周を思い立った。大学生時代にアルバイトで旅費を稼ぎ、大学卒業後の5月2日に「愛車」のママチャリで福岡を出発し、主に日本海側を北上してきた。

左手はハンドルに添えるだけで、右手のみで操作やブレーキを行うため、旅行中に右手を痛めることも。初めて訪れる場所ばかりで、携帯端末で地図を出しながら進むが、「最短ルートで山の中を走らされそうになるのは困る」と苦笑い。テントを荷台に積んでおり、野宿することもたびたびだ。

ママチャリで日本一周に挑戦中の下司さん

19、20両日は障がい者スポーツ指導員などの資格を持つ、中島町の武田功さん(47)の自宅に立ち寄った。2人は共通の知人を通して知り合い、武田さんが「北海道に着いたら寄って」と声を掛けていた。武田さんは「下司さんが頑張っている姿、メッセージを広く届けたい」と強調する。

下司さんは武田さん宅に1泊し、20日に恵庭から札幌に向けて出発。「旅を通していろんな方との交流を増やしていきたい」と同じ障害を持つ人やその家族、支援者などとの交流を育んでおり、「（5月から）日本一周は1年ぐらいかかるが、その後は直接人と接するような仕事に就きたい」と話している。

2015年8月21日（金）　千歳民報

北海道の恵庭市で出会った武田さんの紹介で、地元の新聞に掲載していただいた記事。

第3章　優しさと温かさを訪ねて……太平洋南下編

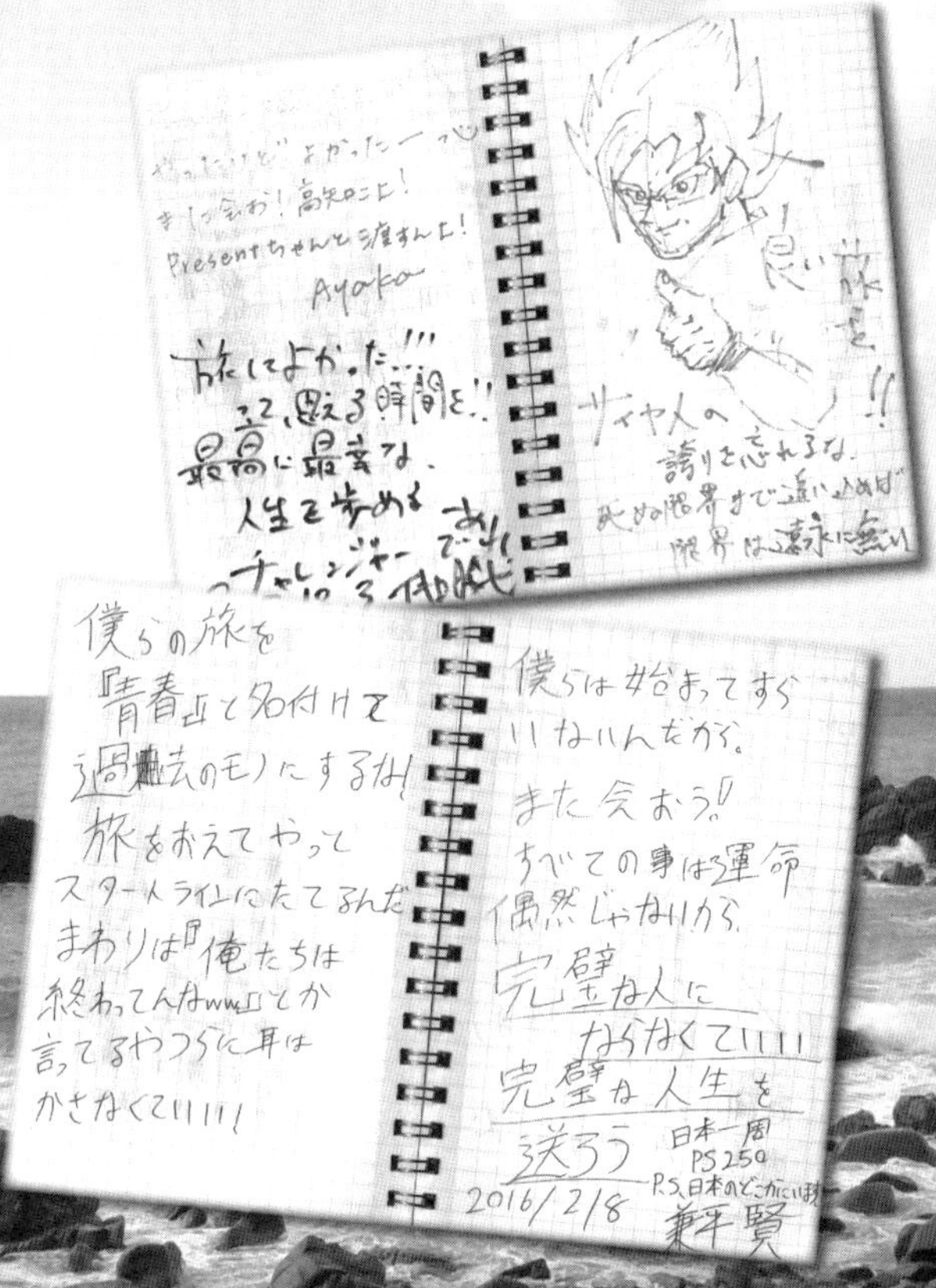

153〜154日目 さよなら北海道!! ただいま本州!! ……………（2015年10月1日〜10月2日）

北海道からフェリーで本州へ戻る10月1日、まだまだこの北海道では行ってない場所や、見られなかった景色がいっぱい残っていたが、最後まで一緒に過ごしたコタローさんとハマちゃんに別れを告げ、僕は北海道を出ることにした。彼らはもう少し函館で過ごしてから、北海道を出るそうだ。

「またどっかで会ったらよろしくな」と、コタローさん。

「また来年もねぶたで会いましょう！　お互い最後まで安全第一で日本一周を達成しようね」ハマちゃんが去り際にそう言ってくれた。

旅を始めてねぶた祭りに参加するまで、こうして同じ日本一周をしている仲間とは出会うことはなかった。しかしねぶたをはじめ、北海道をまわってみて、自分と同じように自転車で日本一周している人や、バイクで日本一周している人たちに出会えて、多くの人の生き方に触れることができたことが、何よりも楽しかった。それに自分と同じように一人旅をしている人たちに沢山出会えたことによって、自分は一人ではないという安心感が得られたのは、これから先に進む強みになったと思う。

自転車で一人旅をしていると、坂がしんどいとか、向かい風で全然進まないとか、雨が嫌だとか障害になるものは沢山あるのだが、一人旅最大の障害は「孤独」だと思う。夕方晩ご飯の話や、テレビの話で盛り上がりながら家路に帰ろうとする家族連れやカップルの姿を見るたびに、僕は人恋しさや寂しさをよく感じていた。一人で野宿をしていると、この孤独感によく襲われていたが、北海道で出会った人たちから書いてもらったメッセージや、旅の話が、これから東北に行く自分を勇気付けてくれた。

そして青森行きフェリーに乗り込み、僕は北の大地を後にした。北海道がこんなに楽しくて出会いの多い場所だと知ることができて、旅に出て本当によかったと思った。また夏になったら、もう一度必ず北海道に来よう。

北海道から、青森のフェリーターミナルに着いた時、僕はなんだか浦島太郎になったような気分だった。距離が近かったということもあり、ねぶた祭りの間お世話になった、ねぶた無料キャンプ場に足を運んでみた。当たり前だが、人は誰もおらず、かつて賑わっていたその場所は、ただの広場に戻っていた。たった1カ月半くらい前の出来事だが、僕はあの頃がとても懐かしく感じた。それだけ北海道の旅が濃厚だったのだろう。木枯らしの吹く無料キャンプ場を後にし、僕は東北地方へと南下していくのであった。

南下しながら東北に向かって走っていると、だんだんと風が強くなっていった。実はこの時期、台風並みの風力を持った爆弾低気圧が南から北上していたので、ちょうどそのタイミングに鉢合わせしてしまったのである。開いた傘をへし折るほどの風圧を前に、僕と相棒のママチャリは、普段のスピードの3分の1ほどに減速させられていた。これが逆に追い風なら、普段の倍くらいのスピードが出せそうなのだが……。この風圧のせいで、自転車用ヘルメットをなくしてしまった。というのは、自転車を停めていた時に、自転車を風圧で倒されて、かごに入れていたヘルメットがどこかに飛んでいってしまったようなのだ。幸い自転車に問題はなかったが、おかげで後日新しくヘルメットを新調するハメとなってしまった。

155〜165日目　進め国道4号線………………（10月3日〜10月13日）

それから僕は岩手県に入った。国道4号線という、岩手の盆地の中を走っていたのだが、岩手の街は北海道以上に寒く、まだ10月3日だというのに、午前中の気温はわずか10度程度だった。おかげで朝は寒く、この頃からよくテント内でも顔が冷たくなって目を覚ましていた。朝テントで目を覚ますと、いつもテントが結露しているのでテントを布切れで拭くことから一日が始まる。放っておくと、テントにカビが生えて、テント内が臭くなってしまうのである（実はもうすでにカビも生えており、テント内は少々臭かった）。海沿いを走れば盆地ではないから、もう少し暖かかったかもしれない。

だが岩手の海沿いはチャリダーにとって地獄だから、内陸を走ったほうがいいと北海道で会ったチャリダー仲間によく聞かされていた。それはリアス式海岸が岩手南部にあるということである。リアス式海岸と聞けば、地理の授業などで一度は誰もが聞いたことのある場所だろうが、あの辺りは道がグネグネしており、勾配も10％越えはザラにあるらしい。僕のママチャリでは、勾配が3％を越えたぐらいからもう性能的に自転車を漕いでは越えられないと今までの経験で分かっていたので、リアス式海岸を走るということは苦行以外の何ものでもないと思い、内陸を通る国道4号線を走ることにした。

しかし訪れた国道4号線には盆地特有の寒さが待っていた。走っていると、寒くて手の感覚がしびれてくる。寒いとスタミナも消耗され、僕はこの日ハンガーノック状態に陥ってしまった。ハンガーノックとはいわゆるエネルギー切れ状態のことで、強い空腹感によって、体の力が入らなくなってしまうのである。幸い近くにコンビニがあったので、おでんやらチキンを燃料代わりに胃袋へと補充する。幾分か体力も戻ってきたが、この体力では、持ってあと5キロが限界だろうといったところだ。日も暮れてきてた頃だったので、これ以上この寒さの中を走るのは危険だと旅の勘が教えてくれた。

「今日はこの辺りにテントを張って野宿しよう」

そう決めたのはいいが、あいにくこの辺りには公園や道の駅がなかった。次の公園まで、およそ10キロ近く離れていたのである。どうしようかと思いながら地図を眺めていると、近くにお寺があることが分かった。お寺なら敷地にテントを張らせてくれるかもしれない。そう思った僕は、早速そのお寺を訪ねてみた。

「はいはい、どちら様でしょう」

訪ねてみると、住職さんと思われる男性が現れた。僕は自己紹介を兼ねて、自分の今の状況を住職さんに話した。

「それでしたら、中へお入りください。本堂が広いので、そちらで今日は休まれていいですよ」

思ってもいない申し出に、僕は遠慮しそうになったが、体力的にこの寒さの中を野宿するのはけっこうしんどかったので、ありがたくお言葉に甘えさせていただくことにした。

お寺にあげてもらって、お風呂に入らせていただき、夕飯も車で買いに連れていってもらったりなど、本当にお世話になりっぱなしだった。おかげさまで翌朝はすこぶる快調で、目覚めも良かった。

「この先も気をつけて旅を続けてくださいね」

そういって住職さんは三賀森さんからもらったノートにメッセージをくださり、僕を送り出してくださった。そこには、「ご縁を感じたので、接待をしました」と書いてあった。そう言っていただけたのは本当に感謝であった。寒い朝だったが、住職さんの温かいメッセージのおかげで、僕は元気に走り出すことができた。

僕はそのまま南下して行き、159日目の10月7日には宮城県の松島町に来ていた。海沿いを走っていると、「この高さまで津波がきました」という標識をよく見かけるようになっていた。そういえばこの辺りも東日本大震災の被害を受けていたのだった。東日本大震災と聞くと、福島の津波と原発の被害が一番に思い浮かぶが、宮城も少なからず被害を受けていたのである。それでも宮城の町は元気に活気付いていていた。観光地である日本三景のひとつの松島も、沢山の観光客でにぎわっていた。

泊めてくださったお寺の住職さんと。夕飯でいただいた手作りのサラダがとても美味しかった

このまま先まで進めば、福島の町に入り、震災の被害をこの目で見ることができる。正直なところ、好奇心から、どこまで復興が進んでいるのか見てみたいという気持ちもあったが、おそらく今の自分が突然行っても、地元の人に迷惑をかけるだけかもしれない。また、原発の影響で通れない道もあるかもしれないと思い、福島の沿岸部は通らず、内陸側の会津方面を通ろうと決めた。被災地に行ってボランティアでもすればよかったのだが、この時の僕にはとてもその知識と準備をする余裕がなかった。早く福島を含めた東北の街が元通り復興するようにと祈り、僕は福島県会津方面へと向かっていった。

福島に入ると、会津若松を目指すために、内陸へと進んでいった。北海道で会った旅仲間から、会津若松には動物園みたいなライダーハウスがあるから、ぜひ行っとけという情報を得ていたので、行ってみることにしたのである。しかし会津若松は盆地で、周りは山に囲まれているので、当然山を越えないと会津若松の町には入れないのである。進んでいると、思った通り上り坂が出てきて、しかもその斜面はどんどん急になってくる。10キロ近く自転車を漕いだり、降りて押したりしながら進んでいたが、途中の道の駅で力尽きてしまった。

「これは自分の力でどうにかなりそうにはないな」

東日本大震災の爪あと

そう思った僕は、自転車に積んでいたホワイトボードとペンを取り出し、ヒッチハイクをすることにした。分解のできないママチャリを載せてくれる車なんて、だいぶ限られてくるが、やる前から「できるわけがない」とあきらめたくなかったので、ほんの少しの可能性に賭けて、僕は「会津若松まで」と書いたボードを掲げた。30分ほど待っていると、一台のバンが停まってくれた。

「今ちょうど会津若松に戻るところだから、乗ってくかい？」

ドライバーは僕より少し年上風の男性だった。僕はありがたく乗せていただくことにし、自転車も一緒に積ませてもらうことにした。バンの載積スペースは大きかったので、ママチャリも問題なく載せられた。

一か八かの賭けだったが、おかげさまで、地獄のような坂をスイスイと越えていくことができた。やはり人間一人の力で壁や障害を越えられないからといってあきらめる必要はないのかもしれない。自分の可能性を信じて、周りの人の協力を得れば、一人じゃ越えられない壁も越えることは出来るのだ。

無事に会津若松に着いた後、僕はドライバーにお礼を言って、ライダーハウスに向かった。会津若松のライダーハウスは、1階がラーメン屋さんで、2階が寝泊りできるような造りになっていた。

「おう、ようきたな。はよう上がれ。今から宴会するぞ！」

到着して早々、オーナーから日本酒で歓迎を受けてしまった。何人か先客もおり、ライダーやチャリダーたちと一緒に宴会をすることになった。お店の中には、犬や猫が何匹か飼われており、近くの敷地にはポニーや鶏、熊まで保護していると言っていた。どの動物も行き場がなかったり、殺処分されそうだったところをオーナーが保護したそうだ。

「だっておめぇ、かわいそうだろうよぉ……。人間も動物も同じ命なんだぜ？　それを人間の都合で邪魔だから殺処分しちまうなんて……。俺にはそんな可哀相なことできねぇな」

そう言うオーナーは、困っている人を放って置けないような男気あふれる方で、僕たち旅人に「腹減ってんだろう。これ食え」と、チャーハンを振舞ってくれた。ここに来るまで空腹だったので、ここで食べたチャーハンは本当に美味しかった。料理の味は愛情で決まると言うが、まんざらでたらめではないのかもしれないと身を持って体感した。

そんな男気あふれるオーナーも、実は元自転車日本一周チャリダーだそうで、旅をしていた当時は今の僕のように色んな人にお世話になったそうだ。その時受けた恩を世に返したいと思って、ライダーハウスをやっていると言っていた。

その後もお酒とつまみをいただきながら、オーナーを交えて夜まで楽しく旅の話題を語り合った。色々勉強になることばかりで、僕もたくさんの人から優しさを受けた分、それに応えてオーナーのような男気あふれる人になりたいなと思った。

オーナーにお礼を言い、会津若松のライダーハウスを後にした僕は、栃木県の宇都宮へと向かっていた。宇都宮には、父母の会の会員さんが居られ、今日はそこでお世話になる予定だ。会津若松を出ると、延々と下る坂道が現れた。ふと道路標識を見ると、勾配が6パーセントと書いているではないか。とても重い荷物をつけたママチャリでは漕いで越えられない坂だ。改めて、ヒッチハイクでここまで乗せていただいて本当に助かったと思えた。

栃木県に入り、宇都宮に向かっていると、後ろから走ってきた車に呼び止められた。

「自転車で日本一周してるの!? すごいわね！ 良かったらこれ食べて」

ドライバーはそういって僕にドーナッツを箱ごとくださった。遠慮したが、「いいからいいから」と押し切られ、結局いただいてしまった。それでもその気持ちが一番嬉しかった。

宇都宮に着いて、今日泊めていただける会員さんの鏑木さんに連絡を取ると、すぐに迎えに来てくださった。

「ここに来るまで寒かったでしょう？ どうぞ今日はゆっくりしていってね」

家に上げていただくと、長男の篤君と、次男の諭君がリビングに居た。長男の篤君は、手に僕と同じような障害があり、僕はなんだか親近感のようなものを感じた。

そういえばさっきドーナッツをいただいたんだった。自分一人では食べ切れなかったので、僕はドーナッツを鏑木さんにおすそ分けした。篤君と諭君がとても喜んでいたので、僕もそれで満足だった。

篤君と諭君はまだ中学生で、二人とも弓道の部活動をやっているそうだ。二人とも腕前は確かなものらしく、それを示すかのように部屋には賞状が沢山飾られていた。しかも腕前は、障害を持った篤君のほうが上だと、鏑木さんは言っていた。

篤君は手に短合指症という障害を持っており、指が短く、指同士がくっついてしまっている状態だ。

両手ともそういう状態なのだが、彼は特注の手袋を使って自身の障害を補いながら、中学一年から始めて3年間、今まで熱心に弓道を続けているそうだ。弓道の関東大会では団体戦で準優勝した経歴も持っているそうで、もはや障害を持っていることなんて微塵も感じさせないなと思った。

思えば学生時代の僕には、こんな輝かしい経歴なんてなかった。取った資格もせいぜい漢字検定2級くらいだった。でもそれは僕がまだ僕自身の可能性に気付いてなく、「自分に出来るのはここまでだ」と、自分に限界の線引きをしていたからかもしれない。彼は自分の障害という壁にとらわれずに、自分の可能性を信じて好きなことに挑戦したから、大きな結果を出せたのだろう。彼の経験が、障害という壁があっても、自分の限界を決めずにやりたいことに挑戦すれば、自分の想像を超えた結果を出せるんだと教えてくれているようであった。

僕も今回の旅でそれを何度も知ることができた。ママチャリごとヒッチハイクしてもらったり、自分の写真が路上販売で売れたりなど、やってみないと分からないことはいっぱいあった。時には行こうと思ってた場所に行けなくなったこともあったし、思っていた道より苦しい道を選んでしまったこともあった。だが、失敗して失った時間やきつかった思いよりも、リスクをかけて挑戦して、成功した時の自信や、達成感の方が、僕の中ではずっと大きかった。

自分のやりたいことに関しては線引きなんてしなくていいはずだ。結果はやってみた後じゃないと分からないのだ。やってみれば、自分の思っていたより大きな財産を得る場合だってあるはずだ。僕にとってはこのママチャリ旅自体がそうだ。

サイクリングの経験なんて何もないのに、ママチャリで、しかも障害を持って日本をまわるなんて、無謀なんじゃないかと自分でも思っていた。最悪どこかの山の中でトラックにでもはねられて、そのまま山の中にでも埋められるんじゃないかと考えたりもした。それでも自分の限界を決めつけず、リスクを承知で旅に出たことによって、こんなにたくさんの人に関わることができ、日本にはこんなに沢山楽しい場所があるんだと知ることができた。あの時旅へ踏み出さなかったら、一生知らなかったかもしれない。だから何かを始めたいと思っている人には、一度きりの人生なので、それがどういう結果になろうと、自分の限界に線引きをせずに挑戦してほしい。そうすれば結果はどうあれ、必ず自分の経験として身になるはずだろう。

その後は美味しいご飯もいただいて、久々の柔らかい布団でゆっくり休めた。この時期になると、温かい布団のありがたみが身にしみてくるものだ。

180〜188日目　箱根を越えて関東方面へ……………………………（10月28日〜11月5日）

宇都宮を後にした僕は、東京を経て、静岡県の熱海市まで来ていた。東京では、大学時代の友人や、先輩の家に滞在させていただき、東京の観光を楽しんだ。あのママチャリで新宿アルタ前を通ったのはいい思い出である。そして10月28日の朝、公園で野宿していた僕は、ラジオ体操をしに来た地元のご老人たちの話し声で目覚めた。

「おおこんなところでテント泊か！　若いねぇ。どこから来たんだい」

　ご老人たちはこんな感じで話しかけてこられたので、僕もなれたトークで自分の旅の経緯を話した。

「よくがんばっているねぇ。おにぎりでも食べて精でも付けなさい」

　そういうと一人のご老人が、荷物に入れていたおにぎりをひとつ僕にくれた。ありがたい。やっぱり日本人の朝は米に限る。僕は地元のご老人たちにお礼を言って、荷物をまとめて出発した。

　今日は１号線を走ると、箱根峠に当たるルートとなっている。そのまま進んでいると、だんだん坂が急になってきた。気温が涼しかったからよかったものの、真夏に重たい自転車を押しながらこの坂を進んでいたら、バテていたであろう。しかし箱根峠の標高は８００メートルを超えると聞く。勾配も２桁の坂が多いとネットで確認した。

「これは重い荷物を積んだママチャリでは越えられない……」

　そう思った僕は、隣にあった県道11号線を通って、箱根峠をスルーすることにした。しかしそうは問屋がおろさないとばかりに、箱根峠ほどでもないが、こちらの勾配も急であった。道も左右にグネグネしており、角を曲がっては新しい上り坂の連続なのである。「あの曲がり角を越えたら下り坂に

熱海の夜景。秘宝館が近くにあり、ゴンドラでここまで上れる

違いない」という期待はここで幾度となく打ち砕かれた。急な上り坂をずっと上っていると、少し勾配がゆるくなった道を「下り坂」と目が錯覚してしまうことがある。初めは上り坂の地獄が終わったと思いテンションが上がるのだが、その道を通っていても、全然楽に進めない。疑問に思って後ろを振り向くと、実は上り坂の勾配がゆるくなっていただけということを、坂を上った所から見下ろして初めて気付くのである。この現象にも、心身ともに苦しめられた。

ようやく坂地獄も終わり、フラットな道を走っていると、富士市に入った。富士山も近くにあるのだろうか。そう思いながら走っていたが、周りの木が邪魔して富士山はよく見えなかった。松の木がたくさん植えられている道沿いを走っていると、今度は車地獄が現れた。トラックや乗用車の数が急に増えたのである。僕のすぐ横をダンプやトラックがビュンビュン走り去っていく。この辺りは、東京と名古屋をつないでいるポイントなので、流通が多い分、交通量も凄まじかったのだ。

道には歩道がなく、路肩も狭いので、車の風圧なんかでバランスを崩して道路側にこけたりなんかしたらひとたまりもない。僕は安全運転第一の意識で、慎重にその道を走った。

何とか危険な車道を駆け抜けて、今日の寝床である公園に着いた時には、日も暮れていた。ありがたいことに、公園には東屋があるのだが、椅子やテーブルがあって、思うようにテントを張れない。仕方なくテントが東屋からはみ出す形で寝たが、雨にも遭わず問題なく寝られたのでよしとしよう。この日泊まった公園もそうだったが、地方の公園に泊まると、夜ずっと明かりがついているわけではなく、ある程度の時間を過ぎると明かりは消えて辺りが真っ暗になってしまうのである。そんな時に公園のトイレを使うのは結構怖いものだ。

静岡を越えて11月2日に愛知県名古屋市に入ると、僕は北海道であったライダーさんに再び会いにいった。湧別のSLライダーハウスで会った、バイク屋さんの社長だ。事前に連絡を取っており、「名古屋に来たら世話してやる」と言われていたので、お言葉に甘えて僕はお店を訪ねた。

社長さんは僕を歓迎してくださり、ちょうどお昼時だったので、トルコ料理店へと連れていってくれた。その後はお店の中でゆっくりさせてもらい夜は近くに行きつけの居酒屋があるから、そこに行こうと案内していただいた。

お店に入ると、早速社長は居酒屋の大将に「こいつママチャリで北海道から下りてきたんだぜ！　すげぇだろ」と自分のように自慢し始めた。それを聞いた大将も、「途中で腹が減るといけねぇから」と、大量のお菓子を分けてくださった。その後は社長に人生初めてのスナックに連れていっていただいたりと、散々お世話になってしまった。

翌朝、社長が見つけてくれた公園で野宿していた僕の元へ、居酒屋の女将さんがわざわざ手作りの弁当を持ってきてくれた。

「朝ご飯まだ食べていなかったでしょう？　ありあわせだけど、これ食べて残りの旅もがんばってね」

昨晩初めて会ったばかりの自分に、ここまでしてくださる女将さん

バイク屋の社長さんと。これでもかというくらいお世話になった

の優しさが今でも忘れられない。しかもチャリダーであるということも配慮されてのことか、ボリュームも満点だった。おかげで燃料も満タンになった。

その後は社長の計らいで、軽トラにママチャリと僕を乗せて、琵琶湖のある滋賀県まで送ってもらえた。途中に鈴鹿峠という大きな峠があったが、自転車で通れそうな坂ではなかったので、送っていただけて助かった。

滋賀についてからは、社長さんと別れて、琵琶湖大橋に向かった。琵琶湖大橋を走って気づいたのだが、車で琵琶湖大橋を通ると、道路から曲が流れてくるのである。実は、道路に細かいくぼみが刻まれており、そこを車が走ると音が鳴るように細工されているのである。この仕掛けには驚いた。その日のもう暗くなる頃、僕は滋賀から京都に続く山道を越えて、京都の木崎邸へと向かっていた。

滋賀から京都の木崎さんの家に行くまでの最短ルートは、山の中の県道を通らないといけないのだが、夜の山道というのは想像以上に暗かった。何せ外灯が全く見当たらないような道もあり、そういうときに頼れるのは自転車のライトだけである。たまに車が通って、その明かりでだいぶ見通しがよくなったりしたが、それも一瞬のうちの出来事だった。それにしてもこんな暗い山の中を、荷物を沢山つけたママ

滋賀にある琵琶湖大橋。車で走ると曲が聞ける

チャリが走っているのを見たら、ドライバーはさぞや驚いたに違いない。僕はそんな真っ暗な道を走りながら、「お化けでも出るんじゃないか」と終始びくついていた。もしこの暗闇から何か飛び出してきたら、スピードのさほど出ないママチャリではあっという間に追いつかれそうだ。僕は祈るような気持ちで山道を越えていった。

山道を抜けると、やっと木崎さんのいる宇治市へ着いて、そこからはすぐに木崎邸に到着した。木崎さんに会うのは8月に青森から北海道へ渡った時以来で、久々の再会だった。この日の晩は焼肉を家でご馳走していただいた。

木崎さんのお父さんに、地元のお祭りに連れていっていただいた。町長も一緒だ

197日目　保証のない現実を生きるということ　大阪での野宿者支援……………………（11月14日）

京都の木崎邸で、地元のお祭りに連れていってもらったりして楽しんだ後、僕は再び大阪のタケオ邸を訪ねた。今回の大阪では、僕は西成のほうへと向かうことにした。それは寝袋配りをするためだ。

寝袋配りとは、ホームレスの方々のために、無償で寝袋を配る活動のことで、このことを最初に知ったのは、旅に出る前だった。ホームレスの支援活動に関する本を1年ぐらい前に読んで、「こんな活動があるんだったら、自分もいつかやってみたいな」と、そのときはただ漠然と思っていた。だが旅をする中で、僕自身これまでたくさんの人に支えられてきて、また自分もそれを何らかの形で世の中にお返ししたいという思いが強まっていた。

そんなことを思いながら、もう一度大阪に行ったときに、何か自分にもできるボランティアはないだろうかと思っていると、ホームレスの方々に寝袋を配るボランティアの広告をネットで見つけたのである。大阪ならば、タケオ邸に滞在もできるから、ボランティアもしやすいはずだと思ったのだ。また、この西成という町にはホームレスの方が多いらしく、そういう雰囲気もあってか、地元の人もあまり近寄りたがらないとよく大阪の人から聞かされていた。治安が悪いから近づかないほうがいいとも聞かされていたが、僕はあまり他人事とは思えず、行ってみたいという気持ちのほうが強かった。

僕もホームレスの方々のように、大半は公園や道の駅で寝ており、外で寝るのがどれだけ大変かというのは身にしみて分かっていたので、今の11月の寒い時期にテントや寝袋を持たずに外で寝ている人がいると思うと、同じ野宿者として、何か協力できないかと思ったのである。ボランティアの場所はあいりん地区として有名な釜ヶ崎である。

寝袋配りのボランティアは釜ヶ崎のキリスト教会がやっており、活動は夜からなので、日が暮れてから行くことにした。夜になって行って見ると、僕以外にも数名のボランティアさんが来られていた。

「ボランティアをしてくださる下司さんですね。今日はよろしくお願いします」

職員の方と挨拶をして、早速ボランティアの説明を受けて、ボランティアのみんなと一緒に寝袋を配って回ることとなった。

実際に西成の町をまわっていると、宿のないホームレスの方が多く、その多くの方が日雇い労働者であった。多くの日雇い労働者の方々の一日は、あいりん労働福祉センターと呼ばれる場所で、仕事をくれる手配師さんたちから毎日ガードマンや、土木建設の仕事をもらって食いつないでいるそうだ。だがここで仕事をもらえなかった人たちは、空き缶集めやどこかで拾ってきたものを売ったりするらしい。中には盗んだものをそのままどこかに売り飛ばしてしまう人もいると聞いた。

実際にあいりん労働福祉センター辺りまで来てみると、道路沿いにブルーシートのテントが張ってあったり、あいりん労働福祉センター前で服を着たままの格好で横になっている人が多かった。寝泊りする場所がなく、朝起きてすぐ仕事をもらうために、ここで寝ているのだろうか。心配になった僕たちは、近づいて、「寝袋はいりませんか」と呼びかけた。だが遠慮しているのか、その男性は「いらないよ」と、少しうるさそうにしながら拒否された。最初はなぜ拒否されたのか分からなかったが、人それぞれみたいで、野宿する状況になっても自分のプライドを高く保っている人もいるのだと一緒のボランティアさんから教えてもらった。また、中には喜んで寝袋をもらう方も居た。

この西成の町で野宿しているのは、多くが中年男性や高齢男性で、中には30代くらいの人や、夫婦で野宿されている人も見かけた。野宿のスタイルもさまざまで、布団をそのまま道路の端に敷いて寝ている人や、ダンボールを敷いて野宿している人も居た。

僕も今までの旅でいろんな場所で野宿をしてきたが、この西成でホームレスとなって野宿するのは、心身共につらそうだと思った。鉄道の下や、道路わきでダンボールを敷いて寝ている人たちは、車の通る音なんかでとてもうるさくて寝られないのではないだろうか。

寝袋を配り終えて、ボランティアも各自解散となった。ボランティアのスタッフさんに「今日は寝袋を配ってみてどうでしたか」と訊かれて、僕の心境は複雑なものだった。

大阪という町は、活気があって、大きくきらびやかな街でもあるのだが、反面西成のような日雇い労働者やホームレスなど、明日の生活もままならない人たちの生活を見て、なんだかすごく現実的なものを見せられたような、鬱屈とした気分であった。仕事が不安定と言われている今の時代、自分もいつか職にあぶれて彼らのようになってしまうのではないかと不安な気持ちがよぎったりもした。

でもよくよく考えてみれば、最初から安定が約束された人生なんてないのだ。みんな生きていれば病気にならない保証なんてないし、いくつまで生きられるかという保証もないし、僕のように障害を負ってしまうことだってあるだろう。だがそれでも現実に負けずに生きていくことが大事なんじゃないかと思う。人生だって、旅みたいに思い通りにいかない時もあれば、思ってもいない幸運に恵まれる時だってあるはずだ。だったら僕は、この人生をもっと思い切って生きてみたいと思った。人生にやり直しがきかず、保証もされていないのなら、せめて後悔のない生き方を選ぶのが一番ではないだろうか。これから先の人生を生きていけば、社会の荒波や現実の壁に潰されそうになることもあるかもしれない。だが人生の最後がどんな形であったとしても、自分に素直に生きたならば、自分の人生を謳歌したと言えるだろう。

「今日は寝袋を配ることができてよかったです。野宿者の支援につながったのもそうですが、自分の人生を考えるいいきっかけになりました」

ボランティアスタッフさんにはそうお礼を伝え、僕はその場を後にした。

もしまた機会があれば、このような野宿者の支援活動に参加してみたい。人の生き方を支えることで、自分の人生も少しずつ見えてきそうだ。

206～216日目　四国突入!!　高知で学んだ感謝の心……………………（11月23日～12月3日）

大阪から広島まで進んだ僕は、四国も一周するためにしまなみ海道を渡って、四国へ入ろうとしていた。しまなみ海道は、自転車でも通れる代わりに、いくつかの島と橋を越えないと四国に行けないのである。一気に長い橋をそのまま走り抜けられたら楽なのだが、それは明石大橋などの自動車道からでなければ行けないようになっている。手間はかかるが、しまなみ海道を走って四国最初の愛媛県を目指すことにした。広島の尾道という場所に行くと、しまなみ海道最初の島、向島に向かうためのフェリーが見えてきた。このフェリーで同島に渡ると、後は自転車で島と橋を渡って四国に行くのみだ。

向島に着くと、すぐに自転車道が現れた。愛媛の今治まであと70キロほどと表示がされている。自転車道に従って走り続けると、やがて次の島である因島に渡るための橋が見えてきた。しかし実はこの橋、上り坂を上ったところに橋の入り口があるので、島に渡るためには坂を越えなければならない。しかもこの先のいくつかの島も、次の島に行くためには同じような坂を越えないと橋を渡れないような造りになっているので、四国に入るまでのことを考えると気が遠くなりそうだ。

橋を渡って因島に着くと、また自転車道が現れたのでそれに沿って先へと進む。因島は歌手のポルノグラフィティの出身地だそうで、ところどころに彼らのポスターが貼ってあるのが目についた。このまま愛媛の今治まで行きたかったが、そろそろ日も暮れてきたので、テントを張って休むことにした。幸い、近くのお寺でテントを張っていいか交渉したら、物置で寝てもいいと言ってもらえたので、そこで夜を明かすことにした。

翌朝の11月24日、お寺にお礼を言って出発した僕は、因島を抜けて生口島へと向かっていた。島そのものはどこもたいてい走りやすいのだが、やはり橋を渡るために上る坂が、毎回体力を奪うのであった。

生口島を走り抜けてそのまま大三島へと行くと、「サイクリストの聖地」という石碑が橋から降りてすぐ見えた。そういえばこのしまなみ海道は、サイクリングロードとしても有名で、ここに来るまでも何人かのロードバイクに乗っている人とすれ違っていた。早速記念写真を相棒のママチャリと撮った。しかし僕からしたら、やはりサイクリストの聖地といえば宗谷岬というイメージが強い。長い道のりを越えた先にある宗谷岬に着く瞬間は、何とも感慨深いものがあるのだ。

そんなことを思いながら、伯方島も越えて、しまなみ海道最後の島、大島を走っていた。この大島を越えれば、ついに四国の愛媛入りだ。夕方になって、長い最後の橋を走りながら、僕はやっと愛媛の今治市へと入ることができた。今治市では、少し走ったところに公園を見つけたので、そこで寝泊りすることにした。幸いにも、この公園には屋根付きの土俵があったので、今晩はそこにテントを張って寝た。しばらくすると、雨も降ってきたので、いい寝床を見つけてラッキーだったなと思った。

愛媛に入った2日後の11月26日、この日は雨の中を走っていた。雨といっても土砂降りとまではいかず、小雨がぱらぱら降っている程度だ。僕はコインランドリーで洗濯を済ませたりしながら、愛媛から高知へと向かっていた。四国は逆時計回りでまわろうと思っており、高知の次は徳島、そして香川に行き、再び愛媛の今治から広島に戻ろうと考えていた。しかしそれにしても、この時期は雨が降ると本当に冷え込む。とりあえず僕は夜露に濡れないようないい屋根のある寝床を探した。

日も暮れてきて、まだ寝床を探し回っていた僕は、ようやく手付かずの公園に備え付けられている屋根付きの土俵を見つけた。屋根は大きくて、雨をだいぶ防いでくれるのだが、同時に高くもあり、小雨な

サイクリストの聖地にて。その割には宗谷岬と比べて覇気がなかった

んかは横風で少々流れ込んできてしまう。しかしあまり贅沢も言ってられない。近くのスーパーで食事を済ませた僕は、少し震えながらテントに入った。カイロだけでは、どうやら全身温めるのは難しそうだ。しかし、僕はここに来るまでに冬の野宿に役立つ新アイテムを調達していた。防災寝袋である。アルミでできていて、軽くて、安価な防災寝袋は、寝袋の上から包んで使うことができた。おかげで外気が全く入ってこず。すぐに寝袋の中はぽかぽかと温まり始めた。

「これがあれば冬の間中野宿できそうだな」

そう思いながら、僕は久々に寒い思いをせずに床についた。

……暑い。

……暑すぎる、どういうことなんだ！

寝入ってから2時間ぐらいした時のことだろうか。あまりの寝苦しさに、僕は飛び起きた。すぐに寝袋の中を確認すると、なぜか寝袋が湿っているのが分かった。実は防災寝袋は保温性は高かったものの、透湿性が皆無だったため、それが仇となり、熱と一緒に蒸気もこもり続ける一方だったのである。寝袋の外側との気温差も大きかったので、結露しやすくもあったのだろう。

すぐに災害寝袋から抜け出したが、一緒に突っ込んでいた寝袋は水滴で濡れて、少し気持ちが悪か

この頃になると寒いので、防寒着代わりにレインコートを着ていた

った。こんなこともあるのかと落胆していたが、旅にトラブルはつき物だと自分に言い聞かせ、この日はレインコートを羽織って少し湿った寝袋に包まり一夜を明かした。

翌朝、何とか夜をやり過ごした僕は、荷物をまとめて愛媛の道を走り出していた。ふと道端を見ると、雪が積もっているではないか。この状況では、体温で寝袋が結露するのも納得できる。

それから愛媛を走りぬけた僕は、高知へとペダルを漕ぎ進めていた。高知に来るまでどんな場所か想像はつかなかったが、僕の第一印象は、山がとにかく多いということである。これまでいくつかの県を走り抜けてきたが、その中でも高知県はダントツに山道が多かった。冬だから、つらい坂も夏に比べればだいぶ上りやすかったが、冬の気温でもすぐ汗をかくほどであった。しかし汗をかけば、坂道を下る時に自分に向かってくる風で汗が冷えてしまうので、なるべくこの時期は汗をかきたくなかったのだ。いくつもの山道を越えていると、七子峠という坂が現れた。幸い僕が通ってきた道からは、七子峠は下りだったのだが、それでも七子峠の距離は5キロほどもあり、つくづく下りで良かったと思った。

山道ばかりだと坂の多さに意識がいきがちだが、実は坂よりも公園が少ないことのほうが僕にとってはつらかった。四国といえばお遍路が有名で、泊めてくれるお寺さんも多そうなイメージだが、意外とそんなことはなく、何軒か当たってみたが皆ことごとく断られてしまった。道の駅ならいくつかあるのだが、道の駅ではトラックがエンジンをふかす音が気になったりして寝づらい時があり、なるべく人気のない公園を選びたかったのである。だが肝心の公園は、高知に入ってなかなか適当なポイントに現れず、毎晩寝床探しには困っていた。ある晩では、教会の軒下を一晩だけ拝借させてもらうような時もあった。

そんな苦労もしながら高知の海沿いを走っていた僕は、お遍路さんとすれ違うことが多かった。最近ではバスツアーなど車で楽にお遍路という人も多いと聞くが、歩きのみで巡る方も多く、この寒い時季でも歩いておられるのだなと感心した。挨拶をすると、お遍路さんもよく挨拶を返してくれた。お遍路さんもたくさんの人から接待を受けているみたいで、優しそうな人が多かった。

高知の土佐市を過ぎると、有名な桂浜が見えてきた。この辺りは坂本龍馬像なんかもあって、全国的にも知られている。観光ついでに桂浜までいってみると、波の勢いがすごいのが一番目についた。その強い波のおかげで、ここは遊泳禁止になっている。すぐ近くには高知土佐犬センターという、いわゆる闘犬場があったが、残念ながらこの日は闘犬はやっていなかった。

少しの観光を楽しんだ僕は、高知で旅人をよく泊めてくれるという方の家に向かっていた。ここもねぶたで会ったチャリダーのつてで聞いたのだが、なんでも居候までいるらしい。そのチャリダーもそこでお世話になったそうで、その方の家の近くを走っていたら、「ビールでも飲んでゆっくりしてけや」と、家から出てきたその方にビールを突然いただいたそうで、その流れで、少し家でゆっくりさせていただくはずが、そこで過ごす日々が楽しくて気付けば1週間ほど滞在したそうだ。

自分から旅人を泊めてくれるなんて、なかなか面白そうな人ではないか。聞けば畑や旅館も持っており、仕事の手伝いなんかもさせてくれるみたいなので、僕はぜひ行ってみたいと思っていた。高知に着く数日前から、あらかじめ連絡を取っていたので、早速その家のある香南市に向かった。

香南市に入って、その方の家の前に着いた僕は、仕事に行っている家主の帰りを待っていた。仕事から帰ってくるまで、庭の辺りでくつろいでいてくれと言われたのだが、仕事が忙しいのかなかなか戻ってこない。そのまま待ち続けていると、黒い人影が家の前に停めていたママチャリに近づいてきた。と思ったら、いきなり僕の停めていたママチャリに飛び乗り、そのまま走りだしたのである（この時僕は油断して鍵をかけてなかった）。あの大量の荷物をつけたママチャリをものともせず乗るなんて、いったい何者なんだ!? 慌てて僕が後を追いかけようとすると、そのチャリに乗った人影はこっちにUターンして近づいてきた。

「愛車に鍵もせんなんて無用心やなー。それにしてもえらい荷物やな。今日はどっから走って来たんか？」

僕があっけにとられていると、彼は自己紹介しだした。

「あ、俺ここの家主の近藤や。びっくりさせて済まんかったなー。軽い冗談やきい、気にせんといて。まぁ上がってくれや。ウェルカムドリンクもあるし」

どうやらこの人が今日お世話になる近藤さんのようだ。近藤さんはそう言って、僕を家の中にあげてくれた。中に入ると、僕は缶ビールを渡された。

「ウェルカムドリンクや。とりあえず乾杯しようか。そういやニックネームとか何かあるか？ そっちの方が呼びやすいからあれば教えてくれや」

ニックネームと言えば、大学時代よく僕は「サイヤ」と呼ばれていた。理由はただ、漫画「ドラゴンボール」に出てくるサイヤ人が好きだからである。

「よっしゃ。ほんならサイヤやな。サイヤ君乾杯〜〜」

ビールをいただくと、近藤さんは少し仕事が残っているので、また出かけると言った。

「冷蔵庫の中に食いもんあるき、腹減ったら適当に食っといて。それと風呂も先に入っといてええからな。それじゃ仕事片付いたらまた戻るわ」

そういって彼はしばしの間でかけていった。それにしても初対面から冗談を振ったり、家主不在の家に上げてくれたりなど、この人は今まで出会ってきた人と違うな。

お風呂に入らせてもらったりなどしばらく家でゆっくりさせてもらっていると、近藤さんが居候を連れて戻ってきた。

「居候のイキロや。仲良くしてや」

居候のイキロ君は僕より少し年下で、近藤さんの家に居候させてもらいながらバイトしているそうだ。

「俺イキロって言います！　よろしく！」

イキロ君もヒッチハイクなどの旅をしていて、人づてに近藤さんと知り合い、近藤さんのところでお世話になって

近藤さんと。旅館の仕事をされているが、僕みたいな旅人は自宅のほうに泊めてくださるという面白いオッチャンである

いるのだと言っていた。また、近藤さんもこの四国でお遍路をした経験が何度かあるそうで、僕らはすぐに旅の話題で盛り上がった。

「七子峠の辺りを走ってきたんか！　あそこしんどかったやろう！　ようあの重たいチャリで上ってきたなぁ」

「でも俺の若い頃なんて、自転車でお遍路やった時は一日100キロくらい走りよったで」

そんな会話をしながら、僕らは近藤さんに出していただいた料理をつつきあっていた。でもなぜ近藤さんは旅人の僕らに対してここまで良くしてくれるのだろうか。僕は気になって聞いてみた。

「エエとこ目をつけたな。話はだいぶ遡るのやけど、俺は毎年この地域の神社の夏祭りで実行委員をさせてもらっとるんや。もともと俺が小学生の頃にも夏祭りはあったのやけど、時代の流れと共にいつの間にかなくなってしまっとったんや。それでもともと知り合いの神主さんが、『夏祭りを復活させてほしい』と頼んできたから、俺も断るわけにはいかず、引き受けることにしたんよ。

それで今年の8月にあったのが第7回目やったのやけど、本当は1回目でやめようと思ってたんや。もともと人に頼まれてやりだした実行委員で、経験もノウハウもない上に、おれ自身仕事をやっている身やったんでな。第1回の夏祭りを実行するまでに、地域のたくさんの人から署名や支援金を集めないといけないから、仕事の暇さえあれば地域のお店さんを回らしてもらっとった。そんなんで夏祭りを実行するまでは、家に帰ったら飯食って寝るだけの日々がずっと続いたんや。そうなると『何で自分はこんなつらいことやってんだろう』って思い始めたりしてな。8月の第1回の夏祭りは無事に終わったのやけど、もうそん時の俺には第2回目をやろうって考えはなかったんや。でもそん時、祭りに来ていた子供らの笑顔を見たとたん、自然に泣けてきたんや。同時に自分が何のためにこの祭りをやるのかがはっきり分かったんや。子供たちの笑顔をなくしたくない。子供らの笑顔のためにこの祭りを続けたいってな。

それで4回目まで地元の高校生ボランティアさんの協力も得ながら、祭りを続けたのやけど、4回目の祭りが終わった後、高校生さんらの都合でもう祭りのボランティアは来られないってことになってもうたんや。祭りも毎年続くと、1回目と比べて規模も少しずつ大きくなってきとったもんやから、もう俺一人の手じゃ回らんようになっとった。どうしたもんかなって思いつつも、とりあえず4回目の祭りが終わって、地元の仲間らと土砂降りの中打ち上げバーベキューしとったんや。そしたらたまたま近くの屋根で雨宿りしとるチャリダーがおってな。『そんな所いたら寒いじゃろう。こっち来て一緒に肉食おうや』って言って一緒に飯食うたんや。そしたら俺とそのチャリダーは仲良くなってなぁ。結局家に1週間も泊めたんや。最後出て行く時なんか、そのチャリダー、置き土産まで残してくれて旅立ってってったんや。

それから第5回目の夏祭りが近づいてきたのやけど、相変わらず一緒に夏祭りを協力してくれるボランティアさんは見つかってなかったんや。そんな時フッと以前助けたチャリダーのことが思い浮かんでな。わらにもすがるような思いでそいつに連絡したんよ。そしたらそいつ夏祭りにボランティアに来てくれるって言ってくれて、おまけに自分の知り合いや友達も出来る限り連れて来てくれるって言うてくれたんや。あの時は本当に助かったわ。そんでそのチャリダー、今度はヒッチハイクで来てくれてな、そいつの友達とかもヒッチハイクや高速バスとかでわざわざ駆けつけてくれたんや。もう本当になんて礼を言っていいのか分からんくらいやったわ。

そうやって沢山の旅人ボランティアさんのおかげで第5回目の祭りも無事終わって、それ以降の祭りも、5回目の祭りに来てくれた旅人が新しい旅人を呼んできてくれて、今じゃ旅人さんのおかげでこの夏祭りは成り立っとるんや。そんな訳やから、俺も旅人さんたちに何か恩返しがしたいと思って、こうやって泊まる場所や食う場所を旅人さんにお接待させていただいとるっちゅうわけや。どや？ええ話やったろう？」

そう言って近藤さんはニカッと笑った。

人へ与えた恩は、巡りめぐって自分に返ってくると聞くが、近藤さんはそれを大きな形で成し遂げていたのだ。人生を生きていれば、なかなか努力の実らない苦しい期間もあるのかもしれないが、周りに与えた恩は、いつか必ず自分を助けてくれるものとなる。そう彼の体験が語っているようだった。同時に、僕もその「神社の夏祭り」とやらに行ってみたくなった。

「すごくいい話を聞かせてくださり、ありがとうございます。僕もその『神社の夏祭り』に行ってみたいんですけど、来年も来てもいいですか？」

「おう！　こいこい‼　サイヤと同じような旅人もいっぱい来るから、絶対楽しいはずやで！」

神社の夏祭り……。少し先の話だが、とても楽しみなイベントがまたひとつ増えた。僕はその後イキロ君と近藤さんと一緒に高知の酒「土佐鶴」をいただきながら、この日は深夜まで旅の話題で盛り上がった。

翌日の12月3日、僕は近藤さんと一緒に軽トラに乗って、近藤さんの畑へと向かっていた。近藤さんのお手伝いでもできればと思って、畑仕事のお手伝いをさせてもらうことにしたのである。僕は畑の仕事をするのは初めてで、役立てるか少し不安だった。だがニンジンの葉を切り取ったり、ジャガイモの芽を切り取ったりする中で、少しずつそれは僕の経験値となっていった。近藤さんは近所の子供たちも呼んで、ジャガイモ掘りの体験をさせてあげていた。僕も一緒にそのお手伝いをさせていただいて、畑仕事の楽しさを少し味あわせていただいた。

畑仕事の終わった後は、「自宅にウッドデッキを作ろうと思う」と言う近藤さんの提案で、僕とイキロ君と近藤さんで、ウッドデッキ作りをやった。

「ここにウッドデッキ作っといたら、天気のいい日にこれからここに来る旅人さんも交えて、みんなで飯食えるやろう?」

なるほどそれはいいアイデアだ。もともと僕が来る前から少しずつ作っていたそうなので、ある程度形はできていたが、最後の仕上げとして僕も手伝わせていただいた。2、3時間ほどみんなで作って、どうにか立派なウッドデッキが完成した。

「おかげさまでいいウッドデッキができたわ。ありがとう。ほんなら飯にしようか」

近藤さんはそう言うと、自身の働いている旅館で余った食材で、お昼ご飯を作ってくださった。自分たちで作ったウッドデッキで食べるお昼ご飯は、格別の美味しさだった。ご飯を食べながら、近藤さんは旅人が来てくれることで、自分は色々と学ぶきっかけを与えてもらっていると語りだした。

「もともとウッドデッキの作り方なんて分からなかったし、仕事なんかで工具を使うこともなかったんやけど、夏祭りの会場設営に旅人のボランティアさんらが沢山来てくれたら、自分が先頭に立って工具の使い方とか教えないかんからなぁ。それで最初は旅人さんたちのためにも工具の使い方とか勉強したのやけど、今ではそのおかげで自分の中で経験として身についとるんや。やきい、俺も旅人さんのおかげで色々学ばせていただいとるんや。ありがとう」

そう言ってもらえるのは、こちらとしてもすごく嬉しいことであった。同時に、僕もそのような近藤さんの物事に対する姿勢を学びたいと思った。

食後は、近くの駐車場に砂利を敷き詰める作業があるというので、それも一緒に手伝わせてもらった。砂利の山が駐車場となる土地に積まれているので、それをシャベルで均等にばら撒かないといけないのだが、これが想像以上にしんどかった。作業は夕暮れまで続き、終わる頃には筋肉痛になりかけていた。

夜になり、今夜も近藤さんの家で仲良く食事を囲んだ。

「今日は二人とも沢山手伝ってくれて本当にありがとうな。おかげで本当に助かったわ。さ、遠慮せんとどんどん飲んでや」

そう言われて僕はビールを近藤さんからいただいた。飲んでみると、なぜかこれまで飲んだビール

より ずっと美味しく感じた。

「どや？　うまいやろ？　それはサイヤが今日一生懸命汗を流して働いたって証なんやで。ビールはなぁ、一生懸命汗流して働いた分美味くなるんや」

なるほどそうなのか！　僕は目からうろこが落ちるような思いだった。正直砂利を敷き詰める作業の時、『何で自分はこんなきついことをしているのだろうか』という思いがよぎったりもしたが、なんだかその答えが見えた気がした。僕はこれからここに来る旅人のためにも、今日を一生懸命働いたのかもしれない。自分が働いたことによって、これからここに来る旅人が少しでも楽ができるなら、それはいいことではないか。自分の捕らえ方ひとつで、物事は感謝にもそうじゃないようにも捉えられるのだ。

そのことを近藤さんに伝えると、近藤さんは自分が昔お遍路をしたときのことを話し始めた。

「俺は旅館の仕事もやっているから、宿には当然お遍路さんも沢山泊まりに来るのやけど、お遍路さん泊めているうちに、自分もお遍路したくなってな。他のお客さんにお遍路のよさを伝えるためにも、改めてお遍路をやってみようと思ったんや。以前高校生の時に自転車でお遍路やったのやけど、そん時は歩きでやったから、結構しんどかったわ。それである遍路宿に泊まった時、俺とベテランのお遍路さんとカップルのお遍路さんが泊まってな、みんなで晩飯食いながら楽しく夜を過ごしたんよ。それでベテランお遍路さんの食べていた握り飯が2個あまってたのやけど、ベテランお遍路さんはそれを食べようとはせんかったんや。気になって『食べないんですか？』って聞いたら、『まだ食べるわけにはいかない』と言われたんよ。『どうして食べないのですか』と聞いたら、『僕らが寝た後に宿へ来るお遍路さんがいるかもしれない。その人のためにも残しておくべきだ』と言われたんや。そのひと言で、自分が心のどこかで接待されて当たり前と思っていたことに気付いて、布団の中で猛反省したんや。自分はここに来るまで沢山の方の接待があって歩いてこれたのやけど、いつしかそれが自分の中で当たり前になっとった。でもあのベテランお遍路さんのように、身を削ってまで自分を支えてくれた人が居たことに気付いたんや。そこから、『このままじゃいかん』と思い、一つひとつ感謝を積み重ねながら歩いていったんや。そうしているうちに、日常生活の中でも感謝できることが以前より増えて、自分の中に『ゆとり』が増えていったんや。ゆとりができると、その分周りの人にも恩返しや恩送りすることが出来た。だからサイヤも、毎日の生活の中で感謝を増やすとええよ。そうすれば、もっと周りに尽くせるはずやし、一番に自分のためになるはずや」

近藤さんの話を聞きながら、僕もハッとさせられた。自分も旅をしていると、たくさんの人からカンパや食料をもらうことが多いが、何ももらえない日があると、

「今日はツイてないな」

「誰か手を貸してくれればいいのに」

と、感謝できなかったり、機嫌を損ねるような時があった。しかしそれは僕が「与えられて当たり前」と傲慢になっていたからだった。たくさんの人の支援があってここまで自転車で来られたのに、それを当たり前と思っていた自分がすごく未熟であり、恥ずかしく思えた。

思えば、旅だけでなく、僕の人生も誰かの支えや幸運の重なりで成り立っているのだ。両親からチラッと聞いたことなので記憶にはないが、僕はまだ歩くこともできなかったほど幼かった日に、自宅のベランダから乗り出して外に落ちたことがあるらしい。普通なら死んでいただろうが、たまたまその時住んでいた家がマンションの1階だったので、あごを針で縫う程度の怪我で済んだそうだ。そもそも障害を持って生まれてきたことも、生まれてきた時代が100年くらい早かったら、差別の対象でしかなく、忌み子として世間から隔離されていたのかもしれない。そう考えると、自分は本当に恵まれた存在なのだなと思えたし、同時にそのことを忘れてしまうほど傲慢な自分だったのだなと反省させられた。

そして、僕も近藤さんのように生活の中で感謝を数えていく生き方をしてみたいなと思えてきた。そのことを近藤さんに伝えると、近藤さんは僕にひとつ言葉を送ってくれた。

「与えたものは水に流して、与えられたものは岩に刻め」

意味は自分が与えた恩は見返りを求めずにすぐに忘れ、逆に受けた恩はいつまでも忘れないようにしようということだそうだ。僕はこれまで与えたものをどれだけ忘れ、受けた恩をいくつ覚えているのだろうか。僕も一人の旅人として、たくさんの人から受けた恩は一つひとつ心に刻んでゆこうと思ったのであった。

翌日の12月4日、近藤さんの家に新しい仲間が増えた。名前はゾウ。

別に本物の象ではない。20歳くらいの女の子だ。だが「ゾウ使いの免許を持っている」ということから、このあだ名だそうだ。だから彼女のもちネタは「インドでゾウ使いの免許を取ったこと」だそうだ。彼女も実は第7回目の「神社の夏祭り」に参加したそうで、その影響で近藤さんの家で居候したいと言い出し、今日からしばらく居候するそうだ。明るいキャラクターだったので、よく近藤さんやイキロにいじられていた。

「ゾウよりここに掛けてあるオカメの面のほうがキュートやわー」

「もーヒロ君たら！　何言ってんのよーー」（近藤さんはみんなから愛称で「ヒロ君」と呼ばれていた）

こんな調子で、この日も畑仕事のお手伝いをさせてもらいながら、日が暮れていった。

この日の晩ご飯は、高知県の名物「カツオのたたき」だった。

「もう高知のカツオのたたきは食ったか？」

「そういえばまだ食べてませんでしたね」

「ほんなら今日の晩ご飯はカツオのたたき食わしたるき、楽しみにしとき」

そんな流れで、カツオのたたきを食べさせてもらうこととなった。

夕食時に現れたカツオのたたきは、身も分厚く、にんにくスライスが添えられていた。なんでも青魚はたまに当たることがあるみたいなの

近藤邸にて。居候のイキロとゾウとも仲良くなれた

で、その毒消しとして一緒に食べるといいそうだ。

「いただきまーーす」

ここに来るまで、四国は一人でご飯を食べることが多く、久々に数人でご飯を囲んで食べられることに、僕は感謝をかみ締めていた。

「サイヤ、旅してたらさぁ、しんどいこととかあったりせえへん？」

不意に近藤さんは僕に問いかけてきた。「土佐鶴」を飲んで酔った勢いなのだろうか。

「そう言われたとここに来るまで色々ありましたねぇ……」

僕は出発からここまで来た日々をフラッシュバックするかのように思い返してみた。初日の野宿で寒くて寝られなかったこと、沢山の上り坂で苦労したこと、パンクしたこと、雨の中寝床を探し回ったこと……。どれも今となってはいい思い出だが、当時の僕にとってはどれも嫌気のさすような出来事ばかりだった。

「やっぱ旅している時もそうやし、生活しててもしんどいことってあるよな？　たぶん君がこれから先の旅先や、旅が終わった後でも、つらいことや悲しいことは待ち受けてると思う」

あまり考えたくない部分だが、確かに僕もそうだと思う。人生も旅と同じように一筋縄では行かないかもしれない。

「でもな、日々のつらいことも、それがつながって今の自分が成されてるんやで。おれも神社の夏祭りやってなかったら、お前らと知り合ってないし、お遍路でしんどい思いしてなかったら、旅人さんに関心もなかっただろうと思う。そもそも四国に生まれてなければ、お遍路もしてないだろうからな。やからなぁ、全ての物事はつながっとるんやで。今あるつらい出来事も、それが点と点を結ぶようになって線になって、自分を形作っていくんや。だからサイヤも、これから先しんどいことがあっても、何事にも感謝するんやで」

そう言われて、つらい過去を思い出してみると、それが今の自分を形作っているのを気付かされた。障害者として生まれてきたことも、無駄ではなかったのかもしれない。障害を持って生まれてなければ、今と違うことをやっていたかもしれない。それはひょっとしたら、今より素敵な人生を送っていたのかもしれない。今の僕は彼女ができたことはおろか、友達も少ないし、障害も持っている。でも僕は自分のことが好きだ。自惚れと言われてもかまわない。この世で一番自分が好きだ。それは今の自分が自分らしく生きようとしているからだ。社会の枠にとらわれず、自分に素直に生きようとしている自分自身の姿が、自分にとって心地よいのだ。気楽というか窮屈じゃないので、今の自分が心のままに生きていることに満足を覚える。

学生時代に内気な性格が原因で、いじめを受けたこともあったし、行きたい高校に受からないこともあった。でもそれらの経験全てが、今の素直な自分を作っているのだと考えると、「痛い目にあって良かった」とまでは言えないが、無駄なことではなかったのだなと感じさせられた。そうすると幾分か救われたような気持ちになれた。

いろんな意味で、近藤さんの家に寄れてよかった。来年の「かとり神社の夏祭り」がとても楽しみだ。来年の夏、おそらく僕はまた高知にやってくるだろう。

翌朝、近藤さんにお礼を言って出発しようとしたところ、イキロ君がおもむろに千円札を僕に渡してくれた。

「こんなもんしかねぇけど、これで美味いもん何か食べてな」

出会ってたった2、3日の仲だったが、金欠であるにもかかわらず千円を渡してくれた彼の優しさが今でも忘れられない。

220〜222日目　生き方を模索してうどんの聖地、香川へ……………………（12月7日〜12月9日）

近藤さんの家を後にした僕は、徳島を越えて香川へと差し掛かっていた。香川といえばなんといってもうどんだろう。僕はうどんが大好きなので、ここでうどんを食べるのをひそかに楽しみにしていた。なので香川に入ってすぐ、うどん屋に入り、ちょっと進んではまたうどん屋に入ったりなど繰り返し、気が付けばその日だけで5軒もうどん屋さんに足を運んでいた。おかげで距離もほとんど進んでなかったので、この日は適当に公園を見つけて早めに休むことにした。

この寒い時季になると、テントを張る際に場所選びでひとつ気をつけておかないといけないことがある。それは、「芝生にはテントを張らない」ということである。芝生は天然ベッドのようでふかふかして、寝心地もいいのだが、朝露が生じるという欠点がある。朝は特に気温が下がるので、その急激な温度変化で芝生に水滴がついて、テントの床がビシャビシャになったことがここ数日続けてあった。僕はその失敗から学んでコンクリートの上にテントを張るようにしていた。コンクリートの上なら朝露でビシャビシャになることもないのだ。

この頃から、野宿にもだいぶ慣れてきたせいか、僕は二度寝をよくするようになっていた。朝はとても冷え込むので、決まって朝の5時か6時に目を覚ますのである。そして小便だけ済ませ、眠気と寒さで再び寝袋に包まれるのである。そうすると次に目を覚ますのは9時くらいになって、朝ご飯を食べたり出発の準備をしていると結局時刻は昼前になるということがたびたびあった。自分でも嫌になるくらいのルーズさだが、反面何にも縛られず自由に旅を謳歌できていたので、実にのびのびした生活を送っていたなと思う。

12月8日のこの日も、僕は美味しいうどんを食べるため、香川の町を走っていた。昼過ぎに着いた海沿いのうどん屋では、とり天うどんをいただいた。価格は400円くらいで、味も安定の美味しさだった。

香川県の道のりは比較的平地で走りやすかった。つい最近走りぬけた高知県にあまりにも山が多かったせいもあるが、その後の道はだいぶ楽に感じるようになっていた。

日も暮れて寝床のありそうな所に行くと、案の定ふたつ寝床にできそうな場所があった。ひとつは小さな公園で、周りには住宅地があり、静かだがたまに人が出入りしていた。もうひとつは大きな運動公園の駐車場のようなスペースで、車が入ってくる気配はなかったが、近くに大きな工場があり、少し音がうるさい。どっちにしようか迷ったが、僕は大きな運動公園で寝ることにした。やはり近隣住民に通報されて夜中おまわりさんに起こされると厄介なので、人目につきにくい場所を選んだのである。

大きな運動公園に行くと、物置があるのが目についた。僕はしめたと思い、物置の裏にテントを張った。案の定、工場から聞こえてくる音は物置によって幾分かさえぎられ、だいぶ寝やすくなった。旅を続けていると、自然と野宿のスキルも上がってくるようだ。旅初日の夜、テントを張らずに寝袋とマットだけで横になり、雨に降られたことが今では懐かしく思える。

僕はテントの中で眠りに就く前に、今日あった出来事の中で「感謝」を数えてみることにした。高知であった近藤さんが、感謝をすることで人にもっとやさしく出来ると教えてもらったので、この日からとりあえず一日3つ感謝を数えてみることにした。とりあえず今日は、「沢山寝て気持ちよかった」「晴れてて良かった」「今日も何とか寝床に辿り着けてよかった」という点が感謝であった。われながら小学生のような感想しか出てこないのだなと情けなくなりそうだが、続けていけばもっと普段気付かない点にも感謝できそうだ。しばらくは気が済むまで愚直に続けてみよう。

翌12月9日、僕は香川県の丸亀市まで来ていた。今日は大学時代の友達の興椙くんの家でお世話になるので、それまで時間もあり、丸亀の町を観光してみることにした。丸亀市といえば、丸亀城が有名なので、早速行ってみることにした。

丸亀城は、大阪を訪れた際に観光した大阪城や、兼六園とともに観賞した金沢城と比べて、少々小ぶりなつくりだったが、天守閣は当時のまま残っているそうなので、ちょっと当時のお殿様の気分を味わえた気がした。今でこそこの丸亀城の高さは、ビル3階分の高さしかないが、当時の人にとっては3階建ての建物なんて高層ビルみたいな感覚だったのではないだろうか。お城の中には、当時の鎧や刀などがまつられてあり、ちょっとした博物館のようでもあった。お城の庭の池には白鳥もいて、なんだかまったりする気分であった。

お城を観光した後は、今日もお昼にうどんをいただくことにした。最近食べる物がうどんばかりで、中毒になりそうでもあるが、やはり他県と比べてもピカイチの味なので、やめることなんてできない。うどん中毒万歳である。

うどん大玉を食べて、重たくなったお腹を抱えながらママチャリに乗り、僕は友人の興椙君の家へ向かった。興椙君の家の近くには夜になる前に着いたが、彼は飲食業のバイトをしていたので、その仕事が終わるまで近くのスーパーのイートインコーナーで時間を潰すことにした。

スーパーのイートインコーナーも旅をしている最中は大変お世話になった施設だった。全てのスーパーに付属しているわけではないが、椅子とテーブルがあるのでお菓子やジュースを買ってひと休みしたり、お弁当を買って、冷暖房の効いた環境で食事できて、本当にたびたび利用させてもらった。良い場所だと、無料でお茶や水のサービスもあるので、ついつい長居してしまうこともあった。旅をしている僕からすれば、まさしく都会のオアシスといえる場所だった。イートインコーナーで待っていると、興梠君から連絡があった。

「おまたせ！　仕事終わったよ！　どの辺りにいる？」

「近くのスーパーで休んでたわ。迎えに来てくれ」

まもなく興梠くんがやってきた。会うのは2、3年ぶりくらいだったが、変わってない彼の姿を見て僕は安心した。

「腹減ったやろ？　どっか食べに行こうか？」

そう言われて、僕は近場のファミレスに連れていってもらった。

「いいよなんでも好きなもの頼んで。飯代は持つよ」と興梠君。

旅をしていると本当に人のお世話になることが多いが、やっぱりそれはありがたい。何度も恩を受けていると「恩を受けて当たり前」と捉えそうな自分がいるが、それを振り払って、僕は感謝をかみしめるよう努めた。

運ばれてきた料理をいただきながら、僕は興梠君に今やっている仕事のことについて聞いてみた。

「飲食業って結構大変なんでしょ？　ずっと飲食でやっていくの？」

「今は家賃とか光熱費のお金が必要だし、とりあえず働いてるって感じだね。でも、残業とか多くてやっぱり大変だよ」

「そうなんだ。どんな時が大変？」

「そりゃあ深夜で一人で働いてる時とかかな。深夜はお客が少ないから、一人でお店任されたりしてね。だからトイレになかなか行けないんだよねー。ま、お客さんいてもこっそりトイレ行ったりするけどさ」

なるほどそうなのか。僕は飲食で働いたことがないからよく分からないが、何の仕事にせよ、仕事を何年も何十年も続けている人はすごいなと思う。僕は大学を卒業したばかりで、正社員になったこともないし、ましてや同じバイトを1年以上続けたことだってない。それでもいくつかバイトや派遣社員をやってみた。交通警備員、お菓子工場、食品工場などやってみたが、どの仕事も好きになれなかった。いずれ旅を終えて仕事をしないといけないのかもしれないが、僕はまだ自分のやりたい仕事がよく分からない状態でいた。

よく、「ママチャリで日本一周してるの⁉　すごいね」と言われるが、僕からしたら満員電車や通勤ラッシュに毎日巻き込まれながら、それでも会社や職場に通い続ける人のほうがよっぽどすごいと思う。ママチャリに乗って日本一周は、お金に困りさえしなければずっと続けるのも悪くないかなと思ったりするが、仕事に行くために毎朝体を起こして、職場に向かうという流れがどうしても僕は好きになれない。好きでもない仕事に、「生活のためだから」という理由をこじつけて自分を仕事に奮い立たせるのはどうしても納得がいかない。この先も好きにならないだろう。

以前どこかの本で、「人の生き方には『動物園で暮らすライオンと、野生で生きるライオン』の二通りがある」と聞いたことがある。大半の人は動物園で暮らすライオンのように、自由は制限されるが、飼育委員さんがいるから病気や飢えに困ることはない。つまり会社という組織に所属しないといけない代わりに、沢山の保証や決まったお給料などの「安定」をもらえるという利点がある。一方野生で暮らすライオンは、好きな時に好きなものを食べて暮らしていいが、病気になったり食に飢えても、それを助けてくれる飼育委員さんはいない。つまり自由な生き方をとれば、その分自分の生活を保証してくれるものはない。いわゆる自営業などの「不安定」な生き方だ。

僕はこの話を聞いたとき、自分は「野生で生きるライオン」として、生きてみたいなと思った。今までやってきた仕事はどれも気に入らないものばかりだったが、それなら自営業なんかで好きな仕事をしながら生きたいと思う。自分の好きなことを仕事にしたほうが、仕事の伸びも速いはずだし、その道を究めようとするだろう。「野生で生きるライオン」のように自由を優先すると、不安定はつき物だが、その分後悔もないから、そういう生き方を選んでみたいと思う。どうせいつまで生きられるのか分からないのなら、自分に後悔しない生き方をしたい。そんな働き方をしてみたい。

でも僕にはまだ「夢」というものがなかった。「これで一生食っていきたい」と言えるようなものは見つかっていないのである。

興梠君には夢はあるのだろうか。気になって僕は聞いてみた。

「今は飲食の仕事やってるけど、ゆくゆくはデザイナーの仕事をしたいな。俺、服のコーディネートするのとか好きなんだよね」

それを聞いて、僕は素直にうらやましく感じた。目標が決まっているのならば、後はそれに対して全力で突っ走ればいいだけなのだから。僕の今の目標は自転車日本一周を達成することだが、この計画が終わった後のことは何も考えていない。何か次の目標を考えなきゃいけないと思いつつも、なかなか自分がどうやって生きていきたいのか具体的なイメージが湧かない。そういった部分で、僕は旅が終わるのがどこか怖かった。出来ればこのまま旅を終わらせたくない。しかしお金も無限にあるわけじゃないので、ゴールを目指さないといけない。それにこのまま旅にしがみついていると、自分はなんだか現実から逃げているような気がする。旅は好きなままで居たいが、旅を働くということからの逃げ道にはしたくなかった。

……僕もやりたい仕事を見つけてみたい。今までやってきた仕事は正直一生をささげるほどの価値を感じなかったが、この先自分の人生を賭けてもいいと思える仕事にめぐり合ってみたい。それがどんな仕事なのか僕にはまだよく分からない。旅が好きだから、旅に携われる仕事がいいだろうか。この先行く道のりで、少しずつでもいいから、自分の将来が見えてくればいいな。

224～225日目　さらば四国、優しく送り出してくれたみゆきおばちゃん…（12月11日～12月12日）

12月11日、興梠君の家で二日ほどお世話になり、体力も回復した僕は興梠君の家を出て、四国で最初にやってきた愛媛の今治市へと向かおうとしていた。今治市からはしまなみ海道の因島までフェリーが出ているので、そこまで行けば楽に広島まで戻れる。一度通った道なので、ワープしてもかまわないと思っていた。

「また遊び来てな。残りの旅もがんばれよ」

興梠君はそういって僕を送り出してくれた。泊まらせてもらっている間、雨をやり過ごせた日もあったので、大変助かった。ありがとう。

自転車を漕ぎ出すと、天候が荒れているせいか、向かい風がびゅうびゅうと吹いてきた。この時季の向かい風は特に寒く、手袋なしではやっていられなかった。手袋は栃木の鏑木さんが出発前に渡してくれたもので、ブレーキやスマホを扱いやすいように指の部分だけむき出しにしてある。はさみでわざわざ切ってくれたそうで、指が露出していて寒そうだが、意外と温かかった。その後の寒い時期はこの手袋のお世話になることばかりだったので、そういう意味でもまた鏑木さんには助けていただいた。

向かい風の抵抗を受けながらどうにか先へと進んでいると、うどん屋が歩道脇に現れた。

「もう香川のうどんを食べるのもこれで最後かもしれない。最後に食べ納めておこう」

そう思うが早いか、僕は早速うどん屋へ入店していた。鶏天が好きなので、鶏天うどんを頼んでみた。すると特大サイズの鶏天ののったうどんが運ばれてきた。素うどんに鶏天をつけても400円くらいの値段だったと思う。麺スープ共に文句なしの味わいで、鶏天をスープにつけたときに染み出る鶏のだし汁がまた非常にうまかった。

最後のうどんも食べ終えて、もう香川に思い残すこともないと思い、走り出すと、「お気をつけて

またのお越しを　香川県」の道路標識が見えた。と同時に、愛媛に戻ってきたのだなと実感した。北海道ほどの大きさではないにしても、それなりのサイズの島を一周するのは達成感を感じるものだ。

　その後は夜遅くまで駆け抜け、目的地のゲストハウス「シクロの家」まで向かった。今回の旅でゲストハウスに泊まるのは初めてだが、最近はユースホステルよりゲストハウスのほうがメジャーなようだ。料金も民宿より安く、素泊まり2500円ほどだった。到着すると、自転車が好きそうなオーナーが迎え入れてくれた。

「おー、いらっしゃいませー。ママチャリで旅している人は久々に見ました。ウェルカムドリンクもあるんで、どうぞ上がられてください」

　自転車をガレージに停めさせてもらい、中に上がると、ウェルカムドリンクのホットレモンティーをいただいた。夜遅くまで寒くて暗い道のりを走ってきたので、その分レモンティーの温かみが体に染み渡った。思わず「はぁ～」とため息が出てしまう。

　ゲストハウスは泊まるのが初めてなので、どんな場所だろうと思っていたが、基本形態はユースホステルと同じように部屋は二段ベッドの相部屋で、トイレは共同といったところだ。風呂はシャワールームが設置されてあり、中は広くはないものの、小綺麗に整備されてい

県境の道路標示板。うどん好きなら香川のうどんは食べておくべきだ

た。ありがたいことにWi-Fiが飛んでおり、漫画も置いてあって、リラックスしやすい環境であった。ビジネスホテルの堅い雰囲気より、こっちの生活感のある砕けた感じが僕には合っているなと思った。

翌朝、因島行きのフェリーの時刻は昼くらいだが、少し早めの9時くらいに宿を出ることにした。この日は愛媛の八幡浜で会った人と再び会う約束があるのだ。実は愛媛から高知へと走っていたとき、一人のおばちゃんが車から僕に声を掛けてくれた。おばちゃんの名前はみゆきさんと言った。

「自転車で旅なんてえらいわねー。本当はうちに泊めてあげたいんだけど、今日は都合が悪くて泊めてあげられないんよ。代わりと言っちゃあなんだけど、これ持ってって」

そう言うとみゆきおばちゃんは、僕に缶コーヒーを渡してくれた。そしてもうひと言。

「愛媛から四国を出るときは連絡してね。近いからお見送りに行くわ」

そう言うとみゆきおばちゃんは連絡先を書いたメモ紙を僕に渡し、車で走り去っていった。なので僕は約束どおりあらかじめ連絡を入れていた。そしたら本当に今治までお見送りに来てくれるというではないか。おまけに旦那さんも一緒だそうだ。八幡浜から今治間では100キロくらいの距離があるはずだが、それでも途中見かけただけの僕のためにわざわざ来てくれるとは、何とありがたいことか。

今治城近くで待ち合わせしていると、みゆきおばちゃんと旦那さんが車に乗ってはるばるやってきてくださった。もうここまで来てくれただけで十分嬉しかった。

「啓太君元気してたかい？　今日はおとうちゃんも一緒に連れてきたよ。そういえばもう朝飯は食べたのかい？」

「お久しぶりです。あの時はどうもありがとうございました。もう食べちゃいました」

「それなら昼ご飯を買いにスーパーへ行こうか。フェリーの中で食べるといい」

何ともありがたい話だ。はるばるここまで車で来られたのにここで断っては失礼と思い、ここは素直に甘えさせていただくことにした。お弁当を買わせていただいた後は、フェリーの時間までしばし今治城を見学することにした。

今治城には堀があるのだが、それは池ではなく海とつながっているので、堀の中には小型のサメも泳いでいた。中に入ってみると、結構大きな城で、天守閣から見えるしまなみ海道の景色や海はなかなか綺麗で見ごたえがあった。

そうこうしている内に、今治から因島行きのフェリーが来る時刻となった。今治城からすぐ近くだったので、僕らは車と自転車で一緒に港まで向かった。フェリーに乗り込むときには、だんなさんが一緒に自転車にくくりつけた荷物をはずして自転車を載せやすくしてくれた。

「啓太君また来てねー！　愛媛で待ってるよー！」

みゆきおばちゃんと旦那さんから見送られ、僕は四国を後にした。見送ってくれる人がいるというのはやはりうれしいものだ。僕も笑顔で手を振り返した。四国も沢山の出会いに恵まれて本当によかった。特に高知の近藤さんの家にはぜひまた遊びに行きたい。夏祭りに参加できる日が楽しみだ。

229〜230日目　広島にて原爆ドームへ赴く……………………（12月16日〜12月17日）

四国を出た僕は、フェリーを使って因島まで渡り、そこからはしまなみ海道を通って広島へと戻ってきていた。以前香川県ではうどん中毒になっていた僕だが、広島ではお好み焼き中毒になっていた。広島の名物はお好み焼きなので、スーパーで買ってはイートインコーナーや外のベンチでよく食べていたのである。広島のお好み焼きは他の県とは違い、中に焼きそばが含まれているので、かなりのボリュームでお腹が満たされ、そのうえ値段も安いので、広島にいる間はしょっちゅうお好み焼きを食べていた。

この頃も相変わらず公園を使って野宿していたが、時には公園で追い出されることもあった。追い出されやすい公園というのは、基本的にデカくて管理の行き届いている公園である。公園に事務所なんかあったりすると高確率で夜中に追い出される。僕は大きな公園で、危うく追い出されかけたことがある。朝テントを畳んでいると、公園の職員らしき年配の男性が近づいてきた。

「昨日ここに泊まったんかい？」

「はい、おかげさまでよく寝れました」

「そうか。もともとここは泊まる場所じゃないからもう泊まるなよ。昨日の夜見つけとったら警察呼んでも追い出しとったぞ。利用者の邪魔になる。さっさと荷物まとめて出て行け」
「はーい」（これだけでかい公園なんだからそんなに邪険にしなくていいのに……）

どうやら彼らからすれば、近隣住民から通報が入ったり、公園を汚したりされるのが嫌みたいだ。ゴミを捨てるのはもちろんいけないが、公園でテントを張っただけで通報されるとは、何と料簡《りょうけん》の狭い世の中だろうか。もっと野宿に寛容な国であればいいなと痛切に思う。そういうことがあってからは、僕も学習してなるべく人が来ないこぢんまりとした公園で野宿することにした。お化けが出そうなくらいさびれた公園に泊まることもあったが、僕個人としてはお化けより生きた人のほうが怖かった。お化けなら包丁を持っていきなり飛び掛ってきたりまではしないだろうが、人なら十分ありえる。そしてなんだかんだ人気のない公園のほうが安全に快適に寝られることの方が多かった。

そんな感じで野宿しながら旅を続けて、12月16日、僕は広島の原爆資料館へと向かっていた。小学校の修学旅行で、長崎の原爆資料館には行ったのだが、広島の原爆資料館へ行ったことはなかった。当時の記憶でも、長崎に落とされた原爆の被害は凄惨たるものだったが、なにしろ10年近く前のことなので、だいぶその記憶も薄れつつある。多分ここで行っておかないとおそらく今後原爆ドームや資料館を見る機会はなさそうだし、当時の被害をこの目でしっかり見ておきたかった。それで今の自分の生活状況に少しでもありがたみを持てればと思い、行ってみることにした。

原爆ドームにはその日の昼ごろに到着した。建物は当時のままの状態で残っており、現状維持のために補強工事が施されている最中だった。

記念碑などを見て、原爆資料館に入ると、入場料金はとても安かった。わずか50円だ。中に進んでいくと、沢山の資料や写真、全身にケロイドを負った蠟人形の姿が目についた。痛々しいやけどの写真や、前身丸焦げになった人の姿をみて、怖い気持ちになったが、同時に戦争のない時代に生まれて良かったという安心感も湧いてきた。

一番印象に残ったのが、原爆の熱線で大やけどを負って生還した人の記録である。その人は背中に大やけどを負ったそうで、仰向けに寝たくても背中に何か触れるだけでも痛すぎて、いつもうつ伏せで寝ざるを得ない状況だったそうだ。治療が完治するまで1年以上かかったそうだが、その間ろくに身動きができず、床ずれを起こしたり、背中が疼いてたまらなかったそうだ。偏見の目も多く受け、死んだほうがましだと感じたことも何度もあったと記されていた。

ここで書いてある内容だけでも相当凄惨な内容だが、やけどが治ったあとの苦労も凄まじかったのではないかと思われる。現在その方にはお孫さんまで居ると書いてあったが、仕事や普段の生活をする中でも、偏見の目や後ろ指を指されるような経験は山ほどあったはずだ。僕ら障害者も、時として奇異の目に晒されることもあるが、人権意識が現代より低かった当時では、その苦労は比べ物にならなかったはずだ。結婚の理解を得るためにも、大変なご苦労をされたと思う。

原爆ドーム。修繕工事が行われていた

僕はこの資料を見て、自分の障害や環境に卑屈になってはいけないなと強く感じた。自分は今でこそ自身の障害を受け入れられるが、以前は自分の障害はあまり好きにはなれなかった。だが彼の苦労を見ていると、自分がこれまで味わってきた苦労がとても小さなものに見えてきた。戦争は恐ろしいというのももちろんだが、もっと今の自分の状況、自分が旅を出来ていること、障害を持っても自由に過ごせていることに感謝したいという思いが湧いてきた。平和というものは、当たり前にあるものではなく、多くの犠牲や苦労があって得られるものなのだ。そのことを学ばせていただき、僕は原爆資料館を後にした。

翌日の12月17日は、広島の宮島へと観光に行っていた。宮島はフェリーで30分もかからず到着できるので、すぐ着いた。宮島に到着すると、奈良の東大寺付近を彷彿とさせる数の鹿が野放しにされていた。「餌をよこせ」と言わんばかりに沢山の鹿がすり寄って来るが、あいにく奈良のように鹿せんべいは売られてなかったので、餌はやれない。ぜひがんばって気前のいい観光客から餌をくすねていただきたい。

宮島ではなぜか鹿の数と同じくらいのもみじ饅頭のお店を見かけた。地元福岡でももみじ饅頭は食べたが、ここの名物だったのか。ためしにお店に入ってみると、あんこはもちろんチョコ味やカスタード、りんご味など、広島のもみじ饅頭のバリエーションは豊富であった。

せっかく宮島に来たのだから、なかなかお目にかかれないチョコ味をいただいてみた。生地がしっとりしていて美味しく、店員さんがお茶まで持ってきてくださった。店員さんの気遣いがまた嬉しかった。そしてここで北海道の函館以来の家族へのお土産にもみじ饅頭を一箱買った。だが後日実家で一番多く食べたのも自分だった。それぐらいうまかった。

そして宮島で一番メジャーな観光スポットと思われる水上の大鳥居を見に行く。タイミングがよければ潮が引いて鳥居近くまで歩いて行けるそうだが、この時は逆に満潮であった。とりあえず近くの観光客に鳥居をバックにして写真を撮ってもらった。メインの観光スポットも見ることができて何よりだが、個人的には水上の厳島神社が一番良かった。回りは海なので、夏なんかは非常に涼しく過ごせそうだし、廊下でそのまま釣りもできそうではないか。お座敷釣堀のようなものがあったとは、やはり昔の人は考えることが違うなと感銘を受けるのであった。

宮島にて。人気の撮影スポットだったので、並んでどうにか１枚撮れた

宮島を出る前、最後に出店で売られている焼牡蠣をいただくことにした。何店舗か出店はあったが、一番安いところにありついた。1個200円なので2個頼んだ。牡蠣はよくあたると聞くが、まぁ年賀状の抽選すら当たったこともないので多分大丈夫だろう。焼きあがった牡蠣にしょうゆを掛けて食べると、濃厚でクリーミー、非常にうまかった。貝だけに、無駄遣いした甲斐があった。

232～238日目　山口を経てふるさと福岡へ……………………………（12月19日～12月25日）

広島を出た僕は、山口を走っていた。もう地元福岡も近づいてきたみたいで、「金龍ラーメン」のお店がちらほらと出てきた。店から漂うキツめのとんこつ臭が地元福岡を彷彿とさせる。そのまま走っていると、周南市に入った。この辺りは工場地帯みたいで、煙突からもくもくと煙が立っていたのが印象的だった。

走り続けていると、寒さと疲労で腹が減ってきたので、持っていたカロリーメイトを食べた。正直冬の間はカロリーメイトが大いに役立った。腹が減った時にカロリーメイトを食べると、幾分かお腹が満たされた。これのおかげでハンガーノックの危機はだいぶ防げたと思う。

この日の宿は管理人の居ない寂れたキャンプ場を選んだ。草は所々に生えて、僕以外に泊まっている人は居ない。静かでよろしい。夜だったので暗くて見づらかったが、よくみると少し先の草むらには井戸があった。しかし蓋がしてあったので、何も出てこないだろう。たぶん。

便所を済ませ、テント内でくつろいでいると、テントの外から歩く音が聞こえてきた。すぐに分かったが、人間の足音ではなかった。まさか貞子か!?　しかし井戸は固く閉じていたし、テレビもここにはないはず……。そんなことを考えていると、荒い息が間近に聞こえてきた。しばらく足音はテントの周りをぐるぐると回り、そしてピタリと止まったと思ったら、いきなりこう叫んだ。

「ワン！」

野犬だった。翌朝になって気付いたのだが、この辺りにはなぜか野犬が放し飼いにされていた。どうりで管理人がいないわけだ。野犬はその後もしきりにテントに向かって吠えまくった。いい加減しつこいので外に出て追い掛け回してやろうかと意気込んだが、僕のボルテージが最高潮に達する直前で野犬は消えていった。何とも引き際をわきまえた野犬だった。

邪魔者も居なくなったことだし、カイロを忍ばせた寝袋に包まり眠りにつこうとしていると、砂のようなものが手に付いた。なぜか分からないが、カイロが破けて中身が寝袋内にぶちまけられていた。すぐに袋からあふれた砂を処理するが、いささか砂は寝袋内に残ってしまった。おかげで少々ざらざらする肌触りだが、仕方ないのでこのままこの日は寝ることにした。それにしてもカイロなしの寝袋だけでこの時季寝るのは本当に寒かった。

翌朝の12月19日、昨晩の寒さのおかげで、テントは朝露でびっしょり濡れていた。濡れたままにしておくとカビが生えるので、自転車に洗濯ばさみでくっつけていた雑巾で、テントの朝露をふき取る。この朝露、雑巾を絞れるくらいにテントを濡らすのでなかなか厄介だ。もはや日課と化した雑巾拭きを済ませて、朝飯を食べる。朝飯はよく前日の夜にスーパーやコンビニで買っていた

名もなき公園にて。野犬が放し飼いされている

おにぎりを食べていた。かじかんだ手で食べる冷えたおにぎりの味が今でも忘れられない。

申し訳程度の朝食で栄養補給を済ませ、今日も荷物を畳んで出発する。今日の目的地は、なつかしの宇部ときわ湖畔ユースホステルだ。ここはわずか旅2日目にして宿泊した最初の宿で、その日は土砂降りだったのでチェックイン時はずぶ濡れだったが、女将さんの粋な計らいにより大変お世話になった場所だ。泊まってから半年以上たつが、女将さんは果たして僕のことを覚えていてくれるだろうか。今回は弁当の買い忘れなどないように、事前に夕食を買って宇部ときわ湖畔ユースホステルへ向かった。

「こんばんはー」

呼びかけると、しばらくしてから女将さんが現れた。

「あらー！　一瞬分からなかったけど、あなた以前ここにもいらっしゃったわよね!?　確か大雨の日に……。よくまたいらしてくださいましたねー。どうぞ上がってー」

ありがたいことに、女将さんは僕のことを覚えていてくださった。

「今回はちゃんと弁当買ってきたのでご安心ください」

「あらー。それは助かるわ。あの時は車でお弁当買いに行って大変だったものねー。電子レンジやお湯はあるんで自由に使ってください」

以前会ったときと変わらない優しさに僕は安堵して、部屋でゆっくり休ませてもらった。もうこの頃になると、屋根と壁があるだけでも、泊まった甲斐があるといえるほど寒さから逃れられることがありがたかった。そのおかげで朝目覚めた時には本当に体がすっきりして、体力が全快しているのがよく分かる。

それからはもう福岡へと帰るだけであった。宿の女将さんに見送られた僕は、下関を通り過ぎて地元福岡へとペダルを漕ぎ進める。昼過ぎには関門海峡が見えてきた。この近くの海底トンネルを通れば、もうすぐ地元福岡だ。しかし安心感というよりは帰りたくないという気持ちが少し勝るところだ。旅では毎日しんどいことが多いのだが、そのしんどさは僕にとって「生きていることを実感できる」タイプのしんどさであり、逃げ出したくなるようなしんどさとは種類が違う。もちろんまだ旅は終わらないが、実家に帰ると現実に引き戻されそうな感じがする。多分その現実は主を失った僕の部屋で、まだかまだかと僕の帰りを心待ちにしているのだろう。だが自動車免許のペーパー試験や、冬の間どう過ごすか計画を立てるために、一度実家に帰っておくべきだろう。ああ、帰りたくねぇ。

海底トンネルをくぐり福岡へと帰ってくると、懐かしい通りや店が見えてきた。帰りたくないなどと言いつつも、やはり故郷なのだなと認めざるを得ない。

そして12月21日の晩、実家へと無事束の間のゴールを果たすのであった。これで九州以外の列島は一周したと言えるはずだ。それにしても一番身近な九州を一番最後に残すとは、僕も味なことをやる

宇部ときわ湖畔ユースの女将さんと。僕のことを覚えてくれていたのが一番嬉しかった

男だ。家に入ると、母は台所で料理をしており、父親はビールを飲んでいた。

「ただいまー」

半年ぶりのただいまだ。

「あらおかえりー。お風呂より先に晩ご飯食べる？」と母。

「どうやったか？　旅は楽しかったか？」と父。

こんな感じで、特に感嘆するわけでもなく、いつもどおり僕に接する父と母だった。逆にこちらも気をつかわなくていいので気楽だ。自室を覗いてみると、主が居ないのをいいことに、そこは物置小屋と化していた。と同時に、家に帰ってきたという実感が押し寄せてきた。すぐに旅立ちたくなったが、ここは衝動を抑えてとりあえずしばらくは実家に居座ることにした。母親の料理は相変わらずであったが、それはそれで異常なしというあらわれなので、結構なことだ。父親からは日本一周途中経過お疲れ様ということで、ビールをいただいた。父親から注いでもらったビールの味は、旅に出る前となんだか味が違って美味しく感じられた。それだけ大人になったということなのだろうか。

やがて高校3年生の妹も帰ってきた。そういえば妹も、もう来年は受験である。行きたい大学は決まっているようなので、後は合格するのみである。がんばれ受験生。

今後は、冬の間は寒いので旅をお休みして、旅の資金を貯めるためにも沖縄の八重山諸島でバイトをしながら越冬する予定だ。おそらく旅の再開は4月過ぎになるだろうから、それから残った九州一周に望むことにする。

春先の旅の続きを楽しみに思いながら、所狭しと荷物がひしめく自室で、僕は旅の疲れからすぐに眠りこけていた。

第4章 日本一周最終章!! 九州一周編!!

239〜243日目　目指せ熊本被災地へ‼　佐賀、長崎、熊本編‼……（2016年5月7日〜5月11日）

5月7日。この日僕は、いよいよ日本一周終盤戦である、九州一周の旅に出ようとしていた。およそ4カ月近くの沖縄越冬バイト期間中に、日本最南端の波照間島に寄ったり、日本最西端の与那国島にも行ったので、とりあえずは日本の東西南北を制覇したといえる。沖縄越冬バイトに行く直前にも、地元の免許センターで自動車運転免許も無事取得したので、後は九州一周を目指すのみだ。

4月中旬に熊本で震災があったとニュースで聞いて、これから旅の途中に熊本でのボランティアにも寄ることにした。相棒のママチャリもメンテナンスばっちりで、いつでも出発可能の状態だ。しかし今回はただ相棒はメンテナンスされただけではない。カスタマイズもされている。

実は、新しく相棒にフロントバッグを装着したのである。当初は料理道具やバーナーは持っていってなかったが、これまでの旅人との出会いの中で影響を受け、食費のコストダウンや野外での料理を楽しみたいと思うようになり、自炊道具もフロントバッグに入れて持っていくことにしたのだ。しかしこれはただのフロントバッグではない。耐久性も非常に高く、かつ贅沢にも牛革仕様なのだ。そして誰もが一度は使ったことのある物。それを妹から失敬してきた。

そう、それはランドセルだ。妹の使い古しの赤いランドセルと、もうひとつネット経由でフリーマーケットから手に入れた。実は自転車のサイドバッグは意外にも高値で、防水性能付きのものは1万超えは当たり前である。おまけに僕のママチャリでは、サイドバッグは通常付けられないので、バッグ取り付け用の金具をつけるのにもお金がかかるだろう。そこでひらめいたのがランドセルだ。中古のランドセルなら、当時の10分の1くらいであろう安価な値段で手に入ったし、革なのである程度の防水性も備えている。おまけに小学生が乱暴に使っても6年間長持ちする代物なので、まさにうってつけのアイテムだった。

ママチャリには前かごがついているので、前かごにS字フックをひっかけられるよう細工し、S字フックでランドセルを両サイドにひっかけた。お目当ての自炊道具も、難なくきっちりとランドセルに収まってくれた。

我ながら素晴らしいアイデアだと思っていたが、唯一見た目の点を考えてなかった僕が、後で恥ずかしい思いをするのはいうまでもないだろう。

真っ赤なランドセルをふたつ付けたママチャリにまたがり実家を再出発し、まずは佐賀方面を目指すことにした。県外を走っているときは忘れていたが、ジャージ姿に大量の荷物を付けて走っていると結構恥ずかしかった。早く自分にゆかりのない地に向かおうと、ペダルを漕ぎ進めるも、半年近くもブランクがあったので、すぐに息が上がってしまう。

夕方になり、どうにか佐賀と福岡の境界線あたりまで来て、いい感じの東屋を見つけることができた。久々の公園野宿はなんだか第二の実家に帰ってきたようで、懐かしい感じがした。そして本日最大のメインイベント、初の野外自炊をとりおこなう。早速近くのスーパーで食材を買って自炊してみることにした。この日は簡単な肉野菜炒めにご飯を炊いたという質素な内容だったが、やはり外で食べる飯はいつもとは違う特別な味わいだった。炊いたご飯が鍋に焦げ付いてしまったが、炊飯器で炊いた米ではなかなか食べられない代物なので、なんだか特別な気分だ。

5月10日、佐賀県を抜け出した僕は、長崎県佐世保市へと向かっていた。佐賀では東屋を出た翌日、珍しく道を間違えて結局もう一泊同じ東屋で泊まったりなどと思わぬ失態をしでかしてしまったので、遅れた分を取り戻さなくてはならない。しかし本日は雨天のため、視界も悪くスピードを出すことは命取りになるので、安全第一で進んでいくことにする。ランドセルは、持ち前の革による防水性で食材への浸水をほぼ防いでくれている。やはり僕の勘は正しかったようだ。

夕方近く、どうにか今夜の宿に辿り着くことができた。今夜は雨なので、ケチらずに宿泊まりだ。それもただの宿ではなく、久々のライダーハウスだ。佐世保にあるこのライダーハウスは、民宿とくっついており、お風呂は民宿のほうで入れるシステムとなっている。ここも大変ユニークな宿で、何と改造キャンピングカーに泊まれるようになっているのである。しかも隣にはトトロに出てくる猫バスのようなキャンピングカーもあって面白い。中にはきちんとテレビやベッド、エアコンまで付いており快適な空間となっている。これで素泊まり1500円だから泊まらないわけがない。

民宿のほうの湯船で温まらせてもらい、疲れていたので晩飯はもう米だけ炊いて、後のおかずは近くのコンビニで調達するようにした。以降日々の疲れと自炊の面倒くささから、「米だけ炊いておかずは惣菜」というスタイルが確立していくのであった。

翌日の5月11日、天気も晴れてすっかり疲れも取れたので、先の長崎市へと向かうことにする。今日は久々に大学時代の後輩と会う予定があるので、楽しみだ。昨日濡れた服が乾いてなかったので、宿を出発して近くのコインランドリーで乾燥させることにした。しかし洗わずただ乾燥させただけの衣類は、一日履きっぱなしの靴下を蒸し返したようなにおいがしたので、臭いものにはふたをするかのように、僕は後ろのコンテナボックスに衣類を詰め込んだ。当然他の衣類に臭いが移ったのは言うまでもない。

長崎といえば、実は小学校時の修学旅行のときにも一度行ったことがあり、その時はハウステンボスと原爆資料館へ行った。せっかく長崎に来たということで、ハウステンボスは予算的にもキツイので、長崎市の原爆資料館へ行ってみることにした。だが長崎県は坂が多く、だいぶアップダウンにてこずってしまったために、到着した時は閉館間際の時間だった。

急いで入館して、館内を急ぎ足で鑑賞する。小学生の時に来たとは言え、だいぶ昔のことなので、懐かしいというより新鮮な気持ちで中をまわった。去年の冬に広島でも原爆資料館を見たが、原爆の威力は長崎に落とされた爆弾の方が上なのに対して、被害の大きさは広島の方が上ということが資料からも見て取れた。それは皮肉にも、僕が苦労して上った長崎特有の坂の多い地形のおかげなのだそうだ。坂や山の地形が爆風を防いでくれて、被害を抑えてくれたというのである。

館内は30分も見ることはできなかったが、それでも長崎原爆被害の凄惨さは十二分に伝わってきた。東北では、これに関連して原発問題が今なお続いているが、原発の是非はさておき、もし原発が第三の原爆となりうるとすれば、かなりリスキーな賭けなのではないかと思うのであった。

資料館を後にし、日も暮れてきたので、後輩との待ち合わせ場所へと向かうことにした。いくつもの坂を越え、ようやく待ち合わせ場所のコンビニへ到着することができた。程なくして、後輩の松尾君が車に乗って現れる。

「お久しぶりです。自転車停められる場所知ってるんで、そこに停めてからドライブに行きましょう」

しかしその「停められる場所」というのも、かなりの坂を上らないと辿り着けない。正直長崎の坂にはうんざりした。聞くところによると、長崎はその坂の多さのせいで、自転車を漕いだことのない人も少なくないらしい。一チャリダーとしては残念な限りである。

松尾君も車を停めて自転車を坂の上まで押してくれたのでだいぶ助かった。自転車を停めて、早速長崎の町をドライブすることにした。

「何食べたいですか？　今日はおごりますよ！」

ありがたい限りだ。それならばと僕は皿うどんをいただくことにした。長崎といえばちゃんぽんも捨てがたいが、全国チェーンの「リンガーハット」でちゃんぽんはしょっちゅう食べているので、今日は皿うどんにしておくことにした。お店はあの福山雅治行きつけの料理屋に連れていってくれた。さすが地元民、コアな情報を知ってるな!!

大学時代後輩の松尾君と。ドライブにご飯と、だいぶ世話になってしまった

本場の皿うどんを美味しくいただいたあとは、今日実は一番楽しみにしていた、長崎の夜景を拝みに行くことにした。夜景は稲佐山から見ることができるそうで、車で夜の山道を上っていった。自転車では到底無理な上り坂だったので、松尾君がいてくれて本当に助かった。

稲佐山頂上に着くと、山の頂上ということもあり、だいぶ気温は冷えていた。展望台に向かう途中「おめでとう！　新世界三大夜景認定」の張り紙があった。「日本三大」ではなく、「世界三大」ということに、かなりの期待が高まる。

展望台に到着すると、そこには見渡す限りの夜景、ではなく、大勢のカップルが群がっていた。なんだか男二人で場違いな場所に来てしまったのではないかと思いつつも、カップルを掻き分けて展望台のほうへ向かってみる。

すると今度は本物の夜景がパノラマで姿を現した。北海道の函館も素晴らしい夜景だったが、僕個人の感想ではその2倍か3倍くらいのスケールの夜景だったと思う。新世界三大というのが、誇大広告ではないというのがよく分かった。気になる女性を連れてきているのならば思わず手を取って見つめ合ってしまいそうだが、一緒に来た松尾君はもちろん男なので、間違ってもそんなことにはならないように僕は細心の注意を払った。

公園から見た夜景。地元民のみ知る隠れ夜景スポットだ

夜景を十分に堪能させてもらい、稲佐山を下りた後、松尾君が「とっておきの寝床がある」というので、早速そこに案内してもらうことにした。自転車を停めた場所まで戻り、そこからすこし車の後を追って進んだところにその寝床はあった。

案内された場所は一見普通の公園だが、実は街を見渡せる隠れスポットがあり、そこからの景観は稲佐山からの夜景ほどではなくとも、十分にきれいと言えるほどの夜景であった。そして松雄君も車で家路へと帰る時間になった。

「今日は久々に会えてよかったです。また長崎に来られたら連絡してくださいね」

「うん、ありがとう。今度会うときは夜景を一緒に見に行けそうないい女の子紹介してね」

そんなやり取りを交わして、彼は車で帰っていった。彼のおかげで長崎の坂地獄も忘れるほど、今日は楽しむことができた。旅中でも最高に景色のいいと思える場所で、この日は野宿するのであった。

245〜246日目　灼熱の長崎!!　オバマと雲仙普賢岳!!……………………（5月13日〜5月14日）

松尾君と別れた翌々日の5月13日、長崎県雲仙市の公園の一角にて目覚める。前日の夜は、身障者トイレで久々に水浴びさせていただいたので、寝起きもすっきりだ。体も3日くらい洗わないと、頭がかゆくてとてもヘルメットなんて着けてられないので、入浴もおろそかにはできない。

出発する前に朝ご飯を炊いていると、町全体に行き渡るようなメロディーが電柱のスピーカーから流れてきた。都市部ではなかなかないが、集落や村で流れるこのメロディーは、住民にとっては朝のチャイムみたいなものらしい。メロディーの音色に浸っていると、突如腹が痛くなってきた。だがここは公園。トイレは目の前にあるので、安心だ。トイレの戸に手をかける。しかし押しても引いてもなぜか開かない。なぜだ？　昨日の夜はきっちり開いたのに……。

後で知ったが、公園にはたまにここと同じようにオートロックタイプのトイレがあるのだ。ある一定の時間を過ぎると勝手に扉が閉まってしまうようなのだ。おそらく野宿者がトイレで寝るのを防ぐためだろう。どうりでトイレの造りがよかったわけだ。しかし出すもんを出さないとヤバイ。僕は大急ぎで相棒にまたがり、近くのコンビニで用を足した。コンビニ様様である。

朝食と撤収作業も済ませていざ出発!!　今日は長崎の島原半島を目指す予定だ。島原半島といえば、有名な雲仙普賢岳が見えるので、どのくらい大きな山なのか楽しみだ。走り続けていると、かの大統領を彷彿とさせる小浜（オバマ）という町に辿り着いた。どうやら温泉街のようで、町に入ったとたん、卵の腐ったような硫黄の臭いが鼻を突いた。白い湯気もところどころからもくもくと立っており、町も観光客らしき人たちでにぎわっている。九州の温泉街と言われると、大分の別府や鹿児島の指宿くらいしか知らなかったので、長崎にもあったのだと初めて知った。

町を眺めながら走っていると、「日本一長い足湯」という看板が見えた。足湯なんて山形の赤湯町で自動車免許を取りに行った時以来入ってない。久々に入りたいなと思って、その足湯の場所に向かった。

海沿いに造られた足湯コーナーは、まるで用水路のように長い足湯が流れており、何人もの人がそこで疲れを癒していた。僕も早速サンダルを脱ぎ、足湯につかる。もうこの時季になると、気温も暖かかったので、自転車を漕いでいる時も靴を履くことはめったになかったので、サンダルを通常装備に戻していた。

海風に吹かれながら足湯にしばらく浸り、小浜の町もそろそろ出ることにした。現在地は島原半島の西側なのだが、ボランティアの件もあってか東側に早く行きたいと思い、僕は半島を縦走することにした。たぶん坂も現れるだろうが、時間は丸1日分くらい節約できそうだ。そうと決めたら、内陸に続く県道30号線を東に向かって走り出す。

そして予想していた坂は早くも現れた。長い坂が出てきたらもうママチャリでは漕げないので、早速登山のように自転車を押して坂を上っていく。やはり坂道のメッカ、長崎の坂はこたえる。追い討ちを掛けるように、暑い日ざしが体力を奪っていく。まだ5月だというのに、重い自転車を押して坂を上るとすぐに汗がアスファルトへ滴る。頭もふらふらするので、堪らず飲料水を頭からかぶると、だいぶ頭がすっきりした。熱中症は自転車乗りの天敵なので、細心の注意を払わなければならない。

その後も坂を上っては木陰で休んだりを繰り返しながら、どうにか坂を越えることができた。そこ

日本一長い足湯「ほっとふっと１０５」海を眺めながら足湯に浸かれる場所だ

からはひたすら長い坂を下り、島原半島の東側へと無事辿り着けた。もうさっきの坂で体力を使い果たしたので、もう体力が持っても5キロ圏内くらいであろう。走りながらどこか適当な公園はないかと探していると、地元の子供らの群れがたかってきた。

「すげー！　めっちゃ荷物積んでるー!!　どこに行くのー？」

「公園探してるんだよー。近くに大きい公園はないかなー？」と僕。

「それなら今から俺たちが行こうとしてる公園がいいと思うよ。一緒に行こうよ」

さすが地元の子供たち。公園のことは大人より詳しそうだ。聞けば、海辺にある公園なので、そこにテントを張ったらいいと教えてくれた。

子供たちに案内された公園は、海辺にある運動公園といった感じであった。子供たちはこれから公園で草野球をすると言っていたのでここで別れ、僕は海辺にテントを張ることにした。ここは海水浴場でもあり、足洗い場も併設されていたので、人が少なくなってから水浴びもさせてもらった。

暗くなってテントを張ると、海辺だからか、風が強くなってきた。テントが吹っ飛ばされそうだったので、ペグを持っていなかった僕は、代わりに持っていた割り箸を地面に突き刺してペグ代わりにした。おかげでだいぶテントも安定したので、この日はぐっすり休むことができた。

翌日5月14日の朝、目覚めは良かったが、昨日の坂越えの疲労がまだ残っていたので、この日は雲仙の町を観光することにした。ケータイでこの付近を調べたところ、付近の雲仙の道の駅に資料館が併設されていると書いてあったので、今日はそこに立ち寄ってみることにした。朝ご飯は米を炊いてふたの上にレトルトカレーをのせる。こうやって米を炊くとふたも固定されるし、カレーも温められるので便利である。海を眺めながら食べる朝カレーは、たとえレトルトであろうと最高にうまかった。

腹ごしらえも終えて、道の駅に行く。お店もたくさん並んでいる大きめの道の駅であった。目の前には雲仙普賢岳が見える。大きな山で、岩肌がむき出しになっている、険しい感じの山だった。

道の駅の敷地内には、何と半分地面に沈んだ家が展示物として保存された。2階建ての一軒家なのだが、1階がほぼ完全に地面に埋まっており、そのまま2階に窓から入り込めそうな状態であった。

実は雲仙普賢岳は、1991年の6月に火砕流を伴う大規模な噴火を起こしたそうで、それでこの家を含むたくさんの建物が高熱の土石流に飲まれてしまったのである。そして火砕流に飲み込まれたのは家や車だけでなく、取材に来ていたマスコミ関係者や、避難誘導をしていた警察官など、そして多くの住民を犠牲にした。火砕流は流れるスピードが速く、およそ時速100キロにまで及ぶといわれている。最近は東日本大震災や熊本地震で、地震や津波が恐れられているが、全てを焼き尽くす火砕流に襲われたときが一番やばそうだなと思った。

実は雲仙普賢岳が噴火したと僕が初めて知ったのは前日にケータイで調べた時で、それまでは噴火していたなんて全く知らなかった。近くには災害記念館もあったので、そっちにも行ってみることにした。

火砕流により埋まった家。火砕流に飲まれるまでは普通に人が生活していた

雲仙災害記念館内は広く、実際に焼け跡から取り出されたものも展示されていた。マスコミが持っていたと思われるテレビカメラ、バイク、ガードレールなど、どれもどろどろに溶けており、原形をとどめてないのもいくつかあった。説明文を読むと、火砕流は一トンの岩ですら押し流してしまうほどのパワーを持っているらしい。島原半島に来て、火砕流のことを知ることができたのが一番の学びであった。

この日は付近のユースホステルに泊まり、翌朝、僕は島原半島を後にするのであった。

247〜253日目　ギロチンロードを越えて佐賀、そして熊本へ……………（5月15日〜5月21日）

5月15日、島原半島を後にした僕は佐賀県へと向かっていた。佐賀を抜ければもう次は熊本県なので、熊本に辿り着くのがどんどん楽しみになってくる。早く熊本に辿り着こうと急いでいたので、この日もショートカットのルートを進むことにした。地図を見ると、雲仙多良シーラインという海にかかる長い橋があり、それを渡れば遠回りせずに直線的に佐賀方面に向かえるのだ。幸い、自転車でも通れるようなので、早速向かうことにする。

橋につくと、まるで北海道のオロロンラインを彷彿とさせるようなまっすぐな長い道が現れた。だが姿かたちはオロロンラインに似ていても、ここは全く違う名で呼ばれている。ここは別名、「ギロチンロード」とも呼ばれているのである。

なぜギロチンロードと呼ばれているかは、橋を途中まで経過したところで納得がいった。そこにはいくつかの堤防施設が建ち並び、諫早湾と有明海とを鉄板で分離していたのである。1997年当時の海を鉄板で締め切る様が、ギロチンを落とすのに似ていたことから、ギロチンロードと呼ばれたそうだ。そのことで当時は諫早湾と有明海に環境問題が生じたみたいだが、渡ってみただけでは別段普通の海で、何も感じることはなかった。

シーラインを抜けて、この日は佐賀の鹿島という場所の道の駅まで進んだ。道の駅はそもそも物産館であり、地元の野菜や魚が多く売られている場所なので、晩飯を調達しやすいためにも道の駅を選んだのである。せっかく料理道具を持っているので、たまにはまともに料理したいということで、ここに泊まるついでに食材もここで買って料理しようというわけだ。

道の駅内のお店に入ると、野菜が色々売られている。肉類もすこし置いてあったので、夜はオーソドックスに肉野菜炒めにしようと決めた。玉ねぎが袋につめ放題で100円という格安だったが、一人だからあまりいらないと思い、控えめに袋につめてレジに持っていくと、レジのおばちゃんが「そんな少ない量じゃもったいないよ！　ちょっと待ってな」と言って、玉ねぎを袋いっぱいにつめて持

ギロチンロードにて。辺りに建物がなく、風が強い場所だ

ってきてくれた。

「ほれ、袋詰めってのはこうやるんだよ」

よく見ると袋がギリギリ破れないように引き伸ばされており、これでもかというくらい玉ねぎが詰め込まれていた。玉ねぎが増えると荷物の重量も増えるので、正直ありがた迷惑なところもあったが、おばちゃんの押しに負けてそのまま袋いっぱいに詰め込まれた玉ねぎをもらってしまった。おかげで夕飯の肉野菜炒めはほとんど玉ねぎで埋め尽くされてしまった。

佐賀を抜けた後は、福岡の友人宅に寄り道したりしながら、どうにか熊本県にまで来られた。途中で久々に警察に職質も食らうハプニングもあったが、どうにかやり過ごせた。やはりこんなに大量の荷物を自転車にくっつけて走っていると、「家出なのではないか」と勘違いされて職質を受けることもあるのだが、今回僕が受けた職質の内容はちょっと違った。

「この赤いランドセルはどこで拾ったの？　女の子がつけるやつだよねこれ？」

どうやら彼らは僕をロリコンか変態の類と勘違いしているらしい。もちろんそっち系の趣味は僕にはなく、「赤いランドセル＝女の子」という概念を持たずに走行していたので、まさかそこを突っ込まれるとは夢にも思っていなかった。赤いランドセルなら目立って逆に盗まれにくいだろうと思っていたが、変態扱いされるとは……。いや、ママチャリで日本一周するなんてある意味変態かもしれないが。

「町の人に変態と勘違いされるかもしれないから、そのランドセルは取り外しといた方がいいと思うよ」

警察の方はそう言って去っていったが、そんなこと言われたって、大事な食料や料理道具の入ったランドセルを捨てるわけにもいかない。まぁべつに悪いことをしたわけでもないので、僕は今の出来事を白昼夢として捉えておくことにした。このときの僕にはそうするしかなかった。

290～292日目　目指せ鹿児島!!　人の情けが梅雨をもしのぐ!!　……………（6月27日～6月29日）

その後熊本県に到着して、1カ月近くボランティア生活をして過ごした僕は、ボランティアのキャンプサイトを出発してから、宇土市の道の駅に辿り着いた。ボランティア生活中は、炊き出しや瓦礫撤去、避難所のサポートなど、多くのボランティアにかかわらせていただき、多くの友達も出来た。まだまだボランティアしながら生活したかったが、旅の続きもあるので、ふるさとを離れるような気持ちで僕は熊本のボランティアビレッジを後にした。

ボランティアビレッジを出発した日は、土砂降りの中を走ってきていたので、レインコートが新しいといえども内側が蒸れてすこしは濡れてしまった。道の駅に着くと、近くに居たおばちゃんと近所の子と思われる兄弟から話しかけられた。3人とも目を丸くしていたが、そりゃランドセルをつけたママチャリを見たら、誰だって何だと思うだろう。

「あんたなかなか面白いことやってるわね。あっちにテント張れそうなスペースがあるから、今夜はそこで休むといいよ」

ありがたいことにおばちゃんから貴重な寝床の情報をいただけた。実はこのとき、僕はこんなこともあろうかと自分が旅の道中撮った写真を何枚か印刷していたので、寝床を教えてくれたお礼にと思いおばちゃんに写真をプレゼントした。ついでに子供たちにも写真を渡しておいた。

「あら、いいのかい、写真なんてもらっちゃって。それじゃあお礼にこれをあげようかね」

おばちゃんはそういうと、買い物袋から僕にキュウリを渡してくれた。どうやら道の駅で買ったものらしく、夕飯の足しにでもしてくれと言っていた。お腹が減っていたのでちょうどいい。ありがたくいただくことにした。

「写真どうもありがとうございます」

子供たちはそう言って去っていった。おばちゃんも「体に気をつけなさいよ」と言い、家路へと帰っていった。

それからはおばちゃんの教えてくれたスペースまで移動し、米を炊こうとすると、まるで旅が再開したことを何者かに歓迎されるように、ハプニングに見舞われてしまった。

土砂降りの中にて。濡れると体力が消耗するため、雨の日の走行はいつも以上にエネルギーを使う

今度は何とガスバーナーがお釈迦になってしまったのである。どうやらガスボンベとバーナーを接続する部分がイカれてしまったらしく、うまくバーナーを接続できない。これでは火が出せないので、米も炊くことができない。腹も減ったし、海が近く寒かったので、どうしたものかと悩んでいると、さっき写真をプレゼントした兄弟が僕の所まで戻ってきた。

お兄ちゃんらしき子の両手にはタッパーが持たれていた。

「あの、これ、家のお父さんが渡して来いって。写真ありがとうございましたってお父さんが言ってました」

瞬間、僕にはこの兄弟が神の使いに見えた気がした。寒くて腹も減っていたので、本当にグッドタイミングであった。どこかで「与えたものは必ず自分に返ってくる」という言葉を聞いたことがあったが、まさかこんなに早く返ってくるとは思っていなかった。

兄弟にお礼を言って、タッパーを受け取ると、中身は温かい雑炊であった。瞬間うまそうなにおいをまとった湯気が顔を包む。お腹の減っていた僕は、あっという間に受け取った雑炊を食べてしまった。おかげさまでこの寒い夜も飢えに苦しまずに寝られそうだ。兄弟は去り際に、「日本一周頑張ってください。応援してます」とまで言ってくれた。何ともありがたい限りである。僕も必ず日本一周を達成させると伝えて、彼らは兄弟仲よく家路へと帰っていった。

一体これで道中人に助けられたのは何度目になるだろうか。ついに自分より相当年下の子供にまで助けられてしまった。本当にこの旅は人に助けられてばかりだが、そのおかげで今日もこうやって無事に食事と寝床にありつくことができた。たいした恩返しもできない僕に唯一できるのはこの旅を達成させるくらいである。これまで手を差し伸べてくれた人たちや、あの兄弟のためにも、ママチャリ日本一周を達成させて、自転車旅の楽しさを多くの人に伝えたいと強く願うのであった。

翌6月28日は、テントが風ではためく音で目が覚めた。外に出ると、昨日と相変わらずどんよりとした天気だ。小雨も降っている。しかしここに居ても仕方ないので、無理しない程度に進もうと思い、今日もレインコートをまとい出発した。

この日は天草市を走行した。天草といえば、海や山が綺麗で観光地としても有名だ。一度ボランティア仲間とドライブした時にも訪れたが、晴れていたときの天草はとても景色が良かった。しかし今日はあいにくの悪天候。あの綺麗な天草はどこへ行ったのやら、目の前に広がるのはよどんだ空と雨で荒れる海の景色である。綺麗な天草を相棒と走れないのはかなり残念だが、早く鹿児島や沖縄に行きたいと思っていたので、未練を振り切って先へとペダルを漕ぎ進めていった。

この日はゲストハウスを目指したが、そこに辿り着くまで大きな水溜りや坂の上から流れてくる雨水のせいで、靴もぐしょぐしょになってしまった。

ようやくゲストハウスに着いて、中に入ると宿の女将さんが優しく出迎えてくれた。

「あら〜こんな大雨の中ママチャリで来られたんですか!? まぁ大変だったでしょうに! どうぞ上がってゆっくりなさってくださいな」

濡れた体を拭いて部屋に上がると、どっと疲労感が押し寄せてきた。今日は土砂降りの中進んだので、とても疲れたらしい。風呂に入り冷えた体を温め、近くのスーパーで弁当を買い、電子レンジで温めた弁当を食べようと台所に向かうと、僕宛に置手紙とご飯とおかずが置いてあった。

「良かったら食べてください」

置手紙にはそう書いてあった。正直買った弁当だけでお腹が膨れるか分からなかったので、この善意は本当にありがたかった。おかげでお腹いっぱいになり、この日は相当疲れていたということもあり久々に泥のように眠った。

その翌日、僕は鹿児島県の長島という場所まで進んでいた。今日も安定の土砂降りだったため、牛深という場所からフェリーを使って長島に着いた頃にはへとへとであった。港の近くに道の駅など屋根のある場所はなく、民宿しかなかったので、そこに泊まれるか掛け合ってみた。運よく今日は空きがあり、泊まれるよとご主人が言ってくれたので、僕もありがたく一泊させていただくことにした。

ここの宿のご主人がまた親切な方で、僕が晩飯と明日の朝食を買うためのスーパーが近くにないということで、雨の中相棒に乗って向かおうとしていると車に乗せていってくれたり、そのついでにちょっと長島の町をドライブへと案内してくださった。ふとご主人の手を見ると、僕のように手に障害を持っておられた。それまで全然気付かなかったのですこし驚いたが、同時に久々に同じ障害を持った人に会えたという親近感もあった。

そう言えばこれまで旅を続けてきて、「障害を持っているのにママチャリで日本一周なんてすごいね」と褒めてもらうことがよくあったが、実を言うと障害を対象に褒められても、あまり褒められた気がしなかった。それはなんだか僕にとって、ハンディつきの勝負で勝って褒められているような感じがしていた。それよりもやはり障害者としてでなく一人の人間として褒められた方が何倍も嬉しい。このご主人も、自身の障害で僕と同じように悩んだり苦しんだ時期があったのかもしれないが、彼は僕にそんなことを微塵も感じさせないくらい親切に僕をもてなしてくださった。そんなご主人の親切な対応を見て、僕も自分の障害に負けず人にやさしく出来る男になろうと学ばされるのであった。

312～315日目　奄美を経て沖縄本島へ!!　那覇観光……………………（7月19日～7月22日）

鹿児島まで進んだ僕は、そのまま沖縄本島まで南下しようと思い、途中で屋久島や、喜界島に寄って、奄美大島まで辿り着いた。

奄美では屋久島で知り合った民宿のオーナーのツテで、オーナーの友達の家に泊めてもらえた。奄美大島では時間の都合上喜界島ほどたくさん観光はできなかったが、ハブセンターという施設を見にいった。

ここにはハブが標本や、生きたままの状態で展示されているのだ。ハブの種類も豊富らしく、10種類以上ものハブもたくさん飼われていた。ハブとマングースの対決も見ることができた。残念ながら現在は映像でしか見ることができなかったが、それでもハブとマングースの命がけの闘いは手に汗握るものだった。お土産コーナーにはハブ酒がたくさん置いてあった。ただ値段が7000、8000円と高かったので、買いはしなかった。

奄美大島ではハブ鑑賞以外に海で泳いだりなんかもした。奄美は鹿児島県なのだが、もう海の色や暖かい水温ですっかり沖縄に来た気分であった。

奄美で2日ほど過ごして、7月21日に僕はついに沖縄本島に辿り着いた。当初の計画であれば、寒い時期に沖縄本島に来る予定だったのだが、何を間違ったのか一番暑いであろう時季に沖縄に辿り着いてしまった。フェリーでこれから沖縄本島に到着しようとしている際に、同乗者のおっちゃんとおしゃべりしていたら、おっちゃんは「沖縄もだいぶ昔と変わった」と言っていた。

「元々沖縄出身だから昔の沖縄とか良く知ってるんだけどよ、こんなにビルがたくさん建ち始めたのは2000年越えたあたりからだぜ。それまでは低い建物しかなかったんだからな。だからここから見える建物なんてどれも最近作られた建物が多いんだぜ」

おっちゃんはそういいながらこれから到着する那覇の街をサングラス越しに見つめていた。

「新しい割には建物結構汚れてるんですね」僕が言う。

「ええとこ気付いたな。ここら辺は潮風がよく吹くから、それで建物がすぐ汚れるんだよ」

奄美大島の海。温水プールほどの水温で、海に浸かっていて気持ちよかった

なるほど、いわば島国の宿命というやつなのだろうか。ついでに沖縄のオススメスポットも訊いてみた。

「沖縄らしい沖縄を見たかったら、北部のほうに行くとええ。あそこはまだあまり開発されてないからな」

おっちゃんがそう言うと、フェリーは港に到着し、おっちゃんも「それじゃ」と言いタラップを降りて那覇の街へと消えていった。

印象深い人との出会いが旅の醍醐味なのだが、このような通り風のようにあっさりした出会いもまた楽しみのひとつだ。何気ないひと言が印象に残ることが良くあるので僕はこういう出会いも好きである。

那覇港に着いた時にはもう時刻は夕方6時を過ぎていたので、早速今日の寝床に向かうことにする。今夜はゲストハウスに泊まる予定なのだが、そのゲストハウスがまた面白い場所らしく、なんでも居酒屋を併設しているので近所の方もよく遊びに来られるのだとか。旅人の間でとても有名な宿なので、前々からこの日を楽しみにしていた。

日も暮れてそのゲストハウスに到着すると、居酒屋が併設されているというのもあり、居間はだいぶ人でにぎわっていた。たぶん近所の方も混ざっているのだろうが、さすがに見分けは付けられなかった。

宿の名は「月光荘」。とにかく賑やかな宿として有名で、お酒やおしゃべりが好きな人たちがよくこの宿に集まってくる。沖縄のゲストハウスは安く、ここも寝袋を使えば1000円ほどで宿泊できた。チェックインの手続きを済ませてから、僕も居間に行き、先客の方々と一緒にお酒を飲ませていただいた。泊まっている方だけでなくヘルパーさんも面白い方ばかりで、お酒の勢いで突然女装する人もおり、来月からは落ち武者ヘアーにするなどと言っていた。泊まっている方も僕のように旅好きだったり、おしゃべりが好きだったりして話していて楽しめた。夜11時を過ぎるとまだ飲みたい人は併設されてる居酒屋に移動をして、寝たい人は寝室でゆっくり休めるというシステムなので、この日僕は夜11時まで皆と一緒に飲んで休んだ。

翌7月22日、この日の朝はたまたま一緒に泊まっていたおっちゃんと朝飯をどこかで調達する流れとなったので、一緒に那覇の商店街を散策することにした。商店街を散策すると売っている惣菜や弁当はだいぶ安めで、お店の人も地元のおじー、おばーが多く、なんだか地元民の温かみを感じる雰囲気であった。

「このあたりの商店街は那覇では古い場所で、探せば穴場の店もあったりするよ」と、同行中のおっちゃんは教えてくれた。すこし歩いてみると、なるほど700円の定食で惣菜お代わり無料の店なんか見かけた。このあたりならば安くてたくさん飯が食べられそうだし、沖縄グルメもなかなか楽しめそうだ。

朝食用のサンドイッチをおっちゃんと商店街で買って、宿に戻るなり、僕は那覇の観光巡りを相棒とするため相棒に積んでいた荷物を宿に置かせてもらうことにした。今日はこの周囲を観光して、明日から沖縄本島を相棒と縦断する計画だ。

宿を出てまず最初に僕は首里城に向かった。沖縄の一番メジャーな観光地といえばやはりここだろう。今日の天気は晴れ。沖縄の暑い太陽がじりじりと肌を焦がす。首里城に向かう途中坂もあり、汗をだらだら流しながら相棒を押して坂を上っていく。

首里城に到着すると観光客は外人の方が多く、主に韓国や中国の観光客だった。記念写真を撮り中に入ると、お城とは言えども本土の城とはまた違う雰囲気の造りがされていた。主に紅色で彩られていたり、低く造られていたりなど、やはり琉球王国という日本とは違う国の建物なのだなと、首里城を見て思い知らされた。中が資料館のようになっており、入ってみると当時の王冠や巻物が飾られており、その雰囲気からなんだか中国っぽさと日本の飛鳥時代を足して2で割ったような印象を受けた。よく分からないかもしれないが、それほど独自の文化を当時の琉球王国は持っていたのだなと感じた。

港近くの食堂で昼食を済ませ、とりあえず宿に戻ることにした。まだ昼の2時くらいなので、今からでも何かできそうだ。どうしようか考えていると、宿の宿泊客の一人が「ヒッチハイクでもしちゃえば？」と言ってきた。

「ちゅら海水族館ならここから車で2時間ぐらいの場所にあるし、がんばればいけるんじゃね？」と宿泊客の方。

なるほどスムーズに行けば今からなら十分鑑賞もできそうだ。ちゅら海水族館も沖縄本島で行ってみたい場所のひとつであり、大きなジンベイザメや南の海特有の魚が目玉らしい。しかし無事時間内にちゅら海水族館のある本部町までたどりつけるだろうか。不安はよぎるが、ここでじっとしている時間がもったいないと思い、思いつきと勢いに任せて僕は那覇の国際通りでヒッチハイクすることにした。必要な道具はダンボールの紙とサインペンだけなので近くのコンビニですぐ手に入った。

国際通りに出て、さあやるぞと覚悟を決めて「ちゅら海水族館へ」の文字を書いたダンボール紙を掲げてみるも、交通量が多いにもかかわらずなかなか車は捕まらない。40分ほど暑さと闘いながら街路樹の木陰で粘ったところ、ようやく乗せてくださる車が現れた。

「途中までしか乗せれないけどいいですか？」と母と娘の親子連れの方が停まってくれた。

もう乗せていただけるだけでありがたかったので、ぜひにと乗せていただいた。車内のクーラーが火照った体を冷ましてくれる。娘さんは僕よりふたつぐらい年下の方で、二人とも沖縄在住の方である。車を走らせていると、フェンスで仕切られた緑地が道路沿いに見えた。最近よくニュースで見る米軍基地だ。そういえば実際の地元民の方は米軍基地のことをどのように思っているのだろうか。ニュースで見るように快く思ってはないのだろうか。気になった僕は思い切ってお母さんのほうに基地のことを聞いてみた。

「ニュースでは反対派の人の反対活動がよく取り上げられるけど、あれは最近沖縄に移り住んできた人たちがよく起こしてる活動ですよ。私たち地元民の感覚としては、米軍が居てくれた方が何かと助かるんですよ」

お母さんの口から出てきた事実はとても意外だった。ニュースでは沖縄の反対活動はとても大々的に取り上げられていたから、てっきり沖縄の人たちはみんな反対とばかり思っていた。しかし実際は沖縄に米軍が居てくれることで得られるメリットもそれなりにあるという。

・米軍基地が居てくれれば他の国の侵略から沖縄を守ってくれる。

・アメリカ人向けのお店や商売で生計が成り立っている人も多く居る。

・基地からの補助金で、生活を賄えている人もたくさん居るなど。

なるほど、そういわれると米軍基地問題は必ずしも悪いことばかりではなさそうだ。よくよく話を聞いてみると、米軍が日本人に被害をもたらすニュース（主にオスプレイや女性が米軍に襲われる報道）はよく流れるが、その逆もあるのだと話してくれた。

「米軍反対者には過激な人も居てね、そういう人が米軍さんを迫害したり、米軍さんの子供まで後ろ指を指されたりなんかもあるんですよ」

そんなこともあるのか。どうやら普段ニュースで見る沖縄の様子と実際の様子はだいぶ違うらしい。米軍も沖縄本島に幾分か恩恵はもたらしているのだろうが、どうしてもピックアップされるのは負の部分なのだということに、鬱屈としたものを感じずにいられなかった。

途中まで乗せてくださった母娘は、アメリカの品揃えが豊富なスーパーのところで下ろしてくださった。このスーパーも米軍の方のおかげで成り立っている商売なのだろう。晩ご飯を買うついでに立ち寄ったと言っていたが、僕のことも気遣ってくださり、アメリカのコーラやお菓子を買ってくださった。本当にありがたい限りである。アメリカのコーラはチェリー味と、日本では見かけない味で、とにかく甘かった。

最後まで良くしてくださった母娘にお礼を言い、二人が去っていくのを見送ってから再びヒッチハイクを再開した。時刻は4時過ぎ。ちゅら海水族館は夜7時閉館なのでまだ何とかなりそうだ。20分ほど待っていると2台目の車が停まってくださった。再び女性ドライバーである。これから子供を保育園にお迎えに行くのだとか。

なんだか沖縄の女性は良くしてくださるなと思いながら、そのことについて女性ドライバーに聞くと沖縄の男女関係について教えてくださった。

「沖縄の男性ってあんまり働かないんですよ（笑）。働いても稼ぎが少なかったりなんかして。だから女性が男性を支えなきゃって文化が強くて、こっちの女性はしっかりしてるのかもしれませんね（笑）」

しかしそれゆえに沖縄の離婚率は全国でもトップクラスだそうだ。どうりで沖縄の女性はしっかりしていらっしゃるわけだ。将来結婚するなら沖縄の女性は良さそうだな、なんて思う僕であった。

おしゃべりをしながらすこし進んだ先で下ろしてもらった。時刻は5時過ぎで、もうちゅら海水族館まであと20キロという場所まで辿り着いた。後一台つかまれば何とかちゅら海水族館に辿り着けそうである。しかし待てどもなかなか乗せてくれる車は見つからず、ついに時間も押してきたので、仕方なくこの日はちゅら海水族館行きは断念することにした。残念。

さて、ここでまた必然的に新しい課題が出てきた。宿に戻らなければいけないということである。

ヒッチハイクできたのだから、ヒッチハイクで帰るのが筋だろうと謎の理屈で自分を言い聞かせ、今度は「那覇まで」の文字を書いたダンボール紙を車に向かって掲げた。しかし時刻はもう夜7時を過ぎており、すぐに日が暮れてきて、ダンボールの文字も暗くて見えそうになかったので、僕は作戦を変更することにした。

それは車に乗り込もうとする方に那覇まで一緒に乗せていただけないかと直接お願いしてみるというものである。少々ぶっ飛んでいるが、暗くてダンボールの文字が見えない今はこれが一番確実な方法なのである。そうと決まれば早速コンビニに行ってこれから車に乗り込もうとしている人に手当たりしだい声を掛けてみた。正直かなり緊張&怒られないか不安だったが、このときの僕は自分の限界にチャレンジしたいという気持ちが勝っていた。

7、8人目ぐらいに声を掛けた時だったろうか。会社帰りのお姉さんがちょうど那覇まで行くと言うので、ありがたく乗せていただけることとなった。女性は知らない男を車に乗せるということですこし不安がっていたが、自転車旅の話を展開させて全力で怪しい人じゃありませんよとアピールをさせていただいた。北海道の話をすると女性も面白がって聞いてくださり、「お腹すいてませんか?」と、おにぎりまでくださった。

そんなわけで夜9時過ぎには無事那覇の街に帰り着くことができた。乗せてくださった女性にお礼を言い、近くの牛丼屋で飯を済ませて宿に帰り着くと、シャワーを浴びてその日の疲れで僕はさっさと寝てしまった。

316〜320日目　沖縄縦断記……………………（7月23日〜7月27日）

無事にヒッチハイクから帰還してきた翌日の7月23日、今日から月光荘を出て相棒と沖縄本島縦断が始まる。本当は一周したかったが、詰まる予定もあるのでとりあえず北と南だけでもチャリで縦断しておくことにした。部屋においていたランドセルを自転車にくっつけていると、宿の宿泊客が目を丸くしていた。やはりママチャリにランドセルという装備は斬新らしい。

旅立つ準備も完了したので、とりあえず北のほうから目指して出発だ！　昨日ヒッチハイクで通った国道58号線だったので、事前に通った道ということもあってスムーズに進めた。しばらく走っていると、前方の建物のそばで女性が手を振っていた。

「さっき車で走っているときに追い越したんです!!　ママチャリで日本一周の看板が目に留まったんで！　暑いからこれも持って行ってください」

女性はそう言うとたくさんのペットボトルのジュースとお菓子をくださった。正直あんまりたくさんいただくと荷物になるのだが、せっかくのご好意なので後ろのバッグに詰め込んでおいた。しばらく旅の話を女性にしていると、女性のお友達らも建物から出てこられて一緒に記念写真を撮るハメになった。どうやら皆さんこの建物で作業されていた最中だったようだ。お礼に旅の写真をプレゼントして、先へと向かった。

夕暮れ時には名護市近くまで来ていた。近くにキャンプサイトのような場所があったので、管理人と思われる方にここで泊まっても良いか聞く。

「いいけどここは有料だよ。一泊2000円要るよ」

なんと高い！　野宿なのに月光荘より高いなんてどうかしてる。ただコインシャワーが付いていたので、そこだけ100円で使わせてもらってからもう少しだけ先に進むことにした。するとまた管理人さんが助言をくださった。

「このあたりの緑地は私有地だから、お金かかるんだよ。無料のとこ泊まりたかったら、途中で浜辺に通じる細い道が出てくるから、そこに行ってみるといい」

意地悪なのか親切なのかよく分からないが、仕方ないのでそこまで行ってみることにした。途中緑地にうまく忍び込めないか覗いてみたが、どこも「有料キャンプ場」の看板があって野宿できそうにない。テントを張って夜見つかるのも嫌なのでとにかく先に進むと、確かに浜辺へ通じるであろう道が現れた。先のほうには海が見える。あたりはもう真っ暗だったが、遠くの明かりが海辺に反射していたのでよく分かった。ここなら人も来ず静かで良さげだ。海辺のほうに行ってみると、さっきの管理人からは聞かされてないものが暗闇の中でどっしりと構えていた。

なぜか海辺の松林にまぎれて墓が建っているのである。辺りは真っ暗なのでよりいっそう不気味な感じがする。まさかこんな場所に墓が建っているなんて知らなかったので、本当にここで野宿しようか迷ったが、この先進んでもほかに寝られそうな場所なんてなさそうだったので、半分やけくそで墓からすこし離れた浜辺で寝ることにした。少し距離があるといっても墓が見える場所にテントを張ったので、寝ているときに何か出てこないか多少不安だったが、それ以外は静かで海も近く涼しかったので、気づいた時にはすでに夢の中であった。

翌朝の7月24日、テントを張った海辺で米を炊いて食べてから、今日は以前行けなかったちゅら海水族館へリベンジしてみることにした。もちろんヒッチハイクで行く予定だ。現在地はちゅら海水族館のある本部町まで大して距離のなさそうな場所なので、1台捕まればすぐに行けそうだ。

そういうわけで近くのコンビニに着いてからは、邪魔になりそうにない場所に自転車を停めて、早速コンビニからいただいたダンボールでヒッチハイクをすることにした。今回は意外と早く、開始10分ほどで乗せてくださると言う女性二人組が現れた。二人は何と奇遇にも僕と同じ福岡から来られた方だそうで、久々の同郷の人間に会えて僕のテンションも上昇していた。

ちゅら海水族館には30分程度で到着した。女性二人組にお礼を言ってから、早速水族館へと行ってみた。水族館内は思っていた通り家族連れやカップルばかりで、僕はかなり浮いていたが、とりあえ

沖縄の海辺にて。近くに墓があることを除けば、とても雰囲気のいい野宿スポットであった

ず入館した。中は人でごった返していて、沖縄特有の種類であろう魚がたくさん見られたり、名物の巨大ジンベイザメも拝むことができ満足であった。

とりあえずひと通りちゅら海水族館を見物したが、自転車も置いてきたので帰りもヒッチハイクで戻らなければならない。しかし来た時よりもなかなかハードで、駐車場出入り口の場所でダンボールを掲げて立っていたが30、40分ほど経っても誰も乗せてくださる方は現れない。しまいには、ガードマンに「別の場所でやってほしい」と諭され、水族館から出た場所でやることに。しかし天気は今日も晴れており、暑い日ざしが体を焦がす。ちょうど良い具合に木陰があったので、そこに佇みながらダンボールを掲げてみる。時間が経つほど木陰がなくなってくるので、時間との勝負であったが、15分ほどで運よく乗せてくださるという方が現れ命拾いした。これまた女性の方で、石垣島から遊びに来ていて行く先がチャリを置いた場所を通るルートだったので乗せてくれたそうだ。久々に石垣島の話ができて、石垣島にまた帰りたいと思えるひと時を過ごせた。

石垣島の女性に送っていただいた後は、近くのスーパーで弁当を食べて北部へ向かうことにした。北部に向かっている途中、普段見かけない珍しい格好をしたおじさんに出会った。ポンポンのくっついたヘルメットにたくさんの荷物の付いたバイクと一緒にその場に佇んでいた。最初は僕もびっくりしてそのまま通り過ぎてしまったが、面白そうな人だと思いUターンして話しかけてみることにした。

彼の名は「おはようおじさん」。地元では有名な方らしく、島民の方々からはそう呼ばれているそうだ。何でも10年以上前から路上に立って道行く人々に「おはよう、おはよう」とあいさつしているそうだ。なぜその活動をされているのか聞いてみると、自分の宗教を設立してみたいからと言われていた。

「こうやってあいさつし続けて有名になり、私は自分の宗教を作って教祖になりたいと思っているんです。私の今の目標は200歳まで生きることでもあります」

正直その姿や話す内容が普通の人とだいぶ変わっており、そのインパクトに押されてあまり深く聞くことはできなかったが、彼が70歳を超えたいまでも野心を抱き続けていることがよく分かった。聞けば英語も堪能なようで、哲学の分野にも興味があると言われていた。その思考の大きな違いゆえに、話していてもなかなか理解できない部分が多かったのが実際の感想だったが、これまでの旅で出会った人の中でもとても印象深い人物であった。

おはようおじさんと別れてからは、あまり進まず10キロほど進んだ場所の公園で水浴びをして寝ることにした。

翌朝の7月25日、この日はついに沖縄最北端に到着する予定だ。昨日の晩飯の弁当の残りを朝飯代わりにいただいて、いざ出発である。現在の名護市から最北端まで50キロほどの距離があり、日差しが暑かったので行けるか分からなかったが、道が思ったよりも走りやすく15時過ぎには最北端に辿り

おはようおじさんと。神出鬼没で、沖縄の路上のどこに現れるかは分からない

着けた。沖縄に着く時のフェリーでおっちゃんが言ってくれたように、このあたりはまだほとんど開拓されてないような場所ばかりで、だいぶがらんとしていた。しかしその分景色を楽しみながら走ることができた。最北端には「祖国復帰」と書かれた記念碑があったので、記念に撮っておいた。そういえば今居る国頭村付近には「ヤンバルクイナ」という珍しい鳥が生息しているらしい。数も少ないので、島民でも実物を見たことのある人は少ないそうだ。

この日の晩は久々の道の駅泊。国頭村の大きな道の駅に泊まったが、本土と違ってトラックが夜アイドリングしながら停まったりもしないので、道の駅にしては久々に快適な夜を過ごせた。

最北端に行った次は最南端に行くことにしたので、翌日の7月26日は本部町まで走りフェリーに乗り込み月光荘のある那覇港へと戻った。月光荘は相変わらず賑やかで、この日もお酒を飲みながら初対面の人たちと楽しい旅の会話を楽しめた。そしてさらに翌7月27日、この日は最南端の地と、沖縄平和記念資料館に行くことにした。北部のほうは素朴な沖縄の風景が楽しめたが、南部のほうでは沖縄と戦争の歴史が学べそうだ。早速相棒のママチャリにまたがり出発する。

距離は20キロ程度だったので、すぐに資料館や最南端に辿り着けるだろうと思っていたが意外とそうでもなく、結局月光荘に戻ったのは日が暮れてからであった。道がくねくねしていたり信号が多かったというのもあるが、主に資料館で過ごした時間が長かったからだ。

これまで行った戦争資料館といえば広島と長崎の原爆資料館だったが、沖縄の平和記念館は上記のふたつとは大きく違う印象を感じた。沖縄は広島や長崎と違い原爆を落とされてない分、米軍に直接攻め込まれているのでその記録や資料は広島や長崎とは違った凄惨さを感じる物であった。沖縄に上陸したアメリカ兵はまず北部から攻めたそうで、徐々に島民たちを南部へと追い詰めていったそうだ。南部へと追い詰められていった島民たちは、洞窟なんかに隠れたりもしたが、その数多くが手榴弾や火炎放射器の犠牲になったそうだ。生き延びた人の記録でも、水を飲まずに何日も雑木林の中を逃げ惑ったという記録もあった。追い詰められた島民の中には、集団自決した人たちも少なくなく、そのほとんどがこの南部で命を絶っている。以前沖縄の海で泳ぐのなら南部で泳ぐべきじゃないと聞かされたが、南部の海で命を絶った人たちが多くいたのだと知り、その意味が良く理解できた。ここは当時を生きた人々にとってはひと言では言い表せないくらい重々しい場所なのだろう。戦争を勉強する上では、長崎や広島の原爆資料館よりも、戦争の実像がよく見えた気がした。

それからは最南端の石碑のある場所まで向かった。辿り着くまで道がグネグネしており少々てこずったが、日暮れまでどうにか辿り着けた。最南端の石碑前は最北端以上にがらんとしていたが、沖縄の平和を意識したモニュメントが建てられていた。とりあえずこれで沖縄で行きたい場所には行くことができたので、明日フェリーにて本土鹿児島に戻ることにした。月光荘に帰ってきたのは夜9時過

沖縄の北部にあった石碑。僕も無事故を心がけて、これからもチャリ旅を続けよう

ぎだったので、日帰りで疲れていた僕は明日の朝早いフェリーに向けてすぐ就寝した。

沖縄本島には1週間程度しか居られなかったが、ヒッチハイクに挑戦したり、おはようおじさんと会ったり、沖縄の戦争に関する歴史を学べたりとだいぶ濃厚な経験をさせていただいた。沖縄人特有の朗らかさにまた遊びに行きたいと思いながら、僕は翌早朝のフェリーで沖縄本島を後にした。

322〜323日目　本土帰還!!　鹿児島人情記……（7月29日〜7月30日）

沖縄から鹿児島に戻る際、一人のチャリダーと仲良くなった。彼の名は周作君。まだ大学2年生だと言っていたが、夏休みの期間を利用してロードバイクで日本一周している最中だそうで、ちょうど那覇港で鹿児島行きのフェリーに乗る際仲良くなったのである。お互い自転車に大量の荷物をつけているので、ひと目で同族だと分かった。

退屈だと思われたフェリー内での時間はとても楽しめた。お互い旅の話題が尽きないので、朝からずっと話し込んでしまい、気付けば昼の時間になっていた。同じフェリー内には日本を歩き旅されている台湾の方も居たので、この方とも旅の話題で盛り上がった。おかげでな

沖縄帰りのフェリーで出会った旅人たちと。刹那的な出会いも、旅の出会いの楽しみだ

んだか来た時よりもだいぶ早く鹿児島に着いたように感じた。

人生も旅も取捨選択は出会いと別れの駆け引きなのだろう。まだ沖縄を全てまわってはなかったので、本当にこのタイミングで本土へ戻るべきか迷っていた自分が居たが、直感にしたがって旅立った結果、周作君や歩き旅の人に出会えた。迷った時は己の直感を信じればいいのかもしれない。そうすれば進んだ道の方向にいい出会いや出来事が待っているはずだ。

翌朝の7月29日、長かったようで短い船旅は終わり、僕らは鹿児島の新鹿児島港に辿り着いた。周作君や歩き旅の方とはルートもスピードもお互い全然違うので、ここでお別れである。彼らと少しの間だったが、出会って話せてよかった。若いうちに自分の知らない人となるべくたくさん会って話すことで、どんどん自分の人間性に柔軟さが出てくるのだということを再確認させてもらえた。またどこかで二人に会えることを願いながら、僕は先へ進むことにした。

それから僕は鹿児島の鴨池港からフェリーに乗って垂水港へ移動することにした。ちょっとしたワープである。1時間もかからずに海を越えて垂水港についた僕は、とりあえず本土最南端の佐多岬を目指すことにした。日本地図では鹿児島県の右下の端っこに佐多岬がある。しかし今日はもうお昼を過ぎており、今から佐多岬に行って寝泊りできそうな場所にありつくのは距離的に厳しそうだと現在地から判断した僕は、30キロほど南へ行った錦江町にあるライダーハウスを今日の目的地とした。九州でライダーハウスに泊まるのは長崎の佐世保以来かもしれない。久々のライダーハウスに、僕のテンションは高まる。

途中コインランドリーで洗濯を済ませたりなどもして、17時ごろにはライダーハウス「郷がえる」に到着した。このライダーハウスもまた個性的で、元々焼肉屋だったところを改装して使っているので、キッチンが非常に充実しているのである。自炊道具も揃っており、台所もとても広いので、滞在中はその分自炊がいつもより楽しめた。一泊1500円と北海道のライダーハウスに比べれば多少値段は高いが、今まで泊まったライダーハウスの中で一番清潔で、田舎の民宿なんかよりもいいんじゃないかと思ったくらいである。おまけに窓からは薩摩富士こと開聞岳も見えて、眺めも最高である。ご家族で経営されているライダーハウスだそうで、案内してくれた長男さんは僕よりも2歳ほど若い方だったので、つくづくライダーハウスはそれぞれ違って面白いなと思った。思った以上に居心地のいい場所だったので、僕はここを拠点に明日佐多岬をまわって戻ってくることに決めた。

翌日の7月30日、この日はライダーハウスに荷物を置いて、相棒のママチャリにまたがり佐多岬を目指す。天気も良好で順調に走っていると、後ろから車でやってきたお兄さんが声を掛けてくださった。

「自転車で旅してるのかい!?　もしよかったらこの先に俺の働いてる海の家があるから寄っていって

ライダーハウス「郷がえる」のモニュメント。これまでのライダーハウスの概念を覆すほどの居心地の良さと質の高さであった

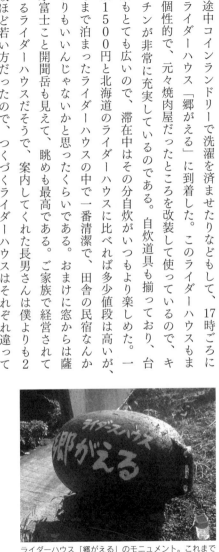

よ。ジュースの一杯くらいごちそうさせてほしいからさ！」

お兄さんはそういうと車で先へと向かっていった。根占という場所にあるといっていたので、その場から5キロもない距離だった。ちょうど暑かったし、ご縁のようなものを感じたので迷わず行くことにした。根占に着いて近くの海の家らしき建物に行ってみると、先ほどのお兄さんが海水浴客にジュースやカキ氷を出していた。

「あ、来てくれたんだね！　ちょっと今忙しいから、そこでしばらく待っててもらえるかな？」

お店はちょうど繁盛しているタイミングだったので、近くの木陰で2、3分待っているとお兄さんが呼びに来てくれた。

「いやぁ〜ごめんごめん。ちょうど混んでたんでね。手作りのジュースご馳走するから、良ければ飲んでってよ」

そういって彼はメニュー表を渡してくれた。珍しいジュースばかりなのでどれがどれか分からなかったが、ベリーとレモンが入っていると思われるジュースを作っていただいた。カウンターから渡されたジュースは、手作りというだけあって、めちゃくちゃうまかった。あまりに美味しかったのですぐ飲み干してしまった。

「お代わりもどうぞ。暑かったからのど乾いてるでしょ？」

ご馳走していただいたジュース。缶ジュースでは決して味わえない美味しさだった

そういってくださるお言葉に甘え、2杯目もあっという間に飲んでしまった。

「ありがとうございます。めちゃくちゃうまかったです。でもなんで僕にジュースをご馳走してくださったのですか？」

「俺も昔バックパックでだけど海外を旅したことがあって、地元の人によくしてもらったからね。こないだも君と同じような自転車旅の人を見かけて、ジュースをご馳走しようと誘ったんだけど、『のどが渇いてないから大丈夫です』って遠慮されちゃった分、君が来てくれて嬉しかったよ」

彼の名はジョージさん。海の家を夏の間だけだが経営している方で、僕みたいに自転車で日本一周している人を応援するのが好きなんだと言っていた。これから僕が佐多岬を目指すと言うことを伝えると、彼は佐多岬付近にも自転車日本一周好きの方がいると教えてくださった。

「佐多岬の近くにホテルがあるからそこの支配人さんを訪ねてみな。たぶんサインくらいはくれるはずだよ」

そうとなれば行かない理由はない。僕はジョージさんにお礼を言って、再び佐多岬を目指すことにした。

「良かったらまた帰りも寄ってよ！　またジュースご馳走するからさ!!」

嬉しい限りである。これで佐多岬からライダーハウスに戻る楽しみもひとつ増えた。ジョージさんに写真のプレゼントをしていったん別れを告げ、僕は再び佐多岬へとペダルを漕ぎ進めた。佐多岬まで残り10キロの場所辺りから、急に道が険しくなり始め、上り坂では自転車を押しながらもどうにか昼過ぎには佐多岬に辿り着けた。

佐多岬と思われる大きなガジュマルの木のある場所で記念撮影する人も多いが、本当の佐多岬は近くの歩行者トンネルを進んでいった先にあると先客のライダーさんに教えてもらい、早速チャリを置いて先へ進んでいくことにした。歩行者トンネルを抜けた先は、ちょっとしたトレッキングコースのような道や神社があったりして、ようやく佐多岬が見えてきた。本当にただの岬という場所で何もなかったが、チャリダーとして自分の力でここに来れたことは満足だった。

記念撮影して佐多岬を後にした僕は、先ほどジョージさんに教えていただいたホテルの支配人のところへ行ってみることにした。教えていただいたホテルは佐多岬のすぐ近くで、支配人は中年の女性の方だった。

「まぁ自転車で日本一周してらっしゃるの？　ウチにはそういう人が良く来られるのよ。佐多岬到達の証明書も発行してるから、差し上げましょうね」

支配人さんはそう言われると、ちょっと待っていてと、僕をロビーのソファに案内された。ふと壁を見ると、これまでここを訪れたであろう自転車日本一周や日本縦断の人たちのサインが壁一面にたくさん張られていた。さすがにママチャリでここに来た人はいないみたいだった。

佐多岬にて。ガジュマルのあった場所に比べてインパクトに欠ける

「よければあなたもここにサインをしてね。壁に飾らせていただくわ」

支配人さんにそう言われ、僕はつたない字でイラストとサインを書いた。佐多岬近くのホテルに行けば、僕のサインもまだ飾られているだろう。そして支配人さんから佐多岬到達証明書とジュースの差し入れをいただいて、ホテルの食堂でカレーを食べてからもと来た道を戻ることにした。

来た道を戻っていくと、夕方ごろには再びジョージさんの海の家へ戻ってこれた。

「おー。また戻ってきてくれたんだね。佐多岬やホテルの支配人さんはどうだった？　ジュースは何にする？」とジョージさん。今日はジュースの吉日みたいだ。

もはやお気に入りとなってしまったジョージさん特製ジュースをいただきながら、ジョージさんはこの南大隅町を盛り上げていきたいということを僕に話してくれた。

「このあたりの町っていろんな魅力があるのにまだたくさんの人に知られてないんだよね。例えばイノシシや鹿も山に行けばいっぱいいるのに狩り方を教えてくれる人があまり情報発信してなかったり、カヤックの遊び場もあるんだけど遊び方やその場所が観光客に知られてなかったり、珊瑚がたくさん見られる美しい場所も知られてない。昔からここに住んでる高齢の人ほどそういうのよく知ってるけど、ネットでの情報発信の仕方がよく分かんないんだよね。それなら自分たちから先導して情報発信しようと思って、観光案内所みたいな憩いの場を作りたいと思ってたのさ」

ジョージさんはバックパックの旅をしながらゲストハウスに泊まっていた時、泊まった旅人同士で情報交換したり、仲良くなった同じ宿泊者と、その土地で一緒に遊びに出かけるのがとても楽しかった、だから自分で作ったゲストハウスなんかで町の観光情報や遊び方までを、たくさんの方に伝えていきたいと言っていた。僕も宿で知り合った旅仲間と話したり一緒に行動するのは好きだった。

だからそれはとても楽しそうなプロジェクトに思えた。ジョージさん自身も「早く実現させたい」と意気揚々としながら熱く語っておられた。自分が好きなことだからこそここまで熱く語れるのだろう。そしてここでジョージさんから嬉しいお誘いをいただいた。

「俺の友達がイノシシの肉を知り合いからもらったって言ってたから、後でここでバーベキューするんだけど、良ければ啓太君もどう？」

まさかここに来てシシ肉にありつけるとは思っていなかったので、ありがたく僕もいただくことにした。その後はジョージさんのお友達も交えて、七輪でシシ肉バーベキューを楽しませていただいた。こういった突然のご縁があったりするから、旅では寄り道も大事にしなければならない。「迷ったら楽しいと思ったほうに行け」と、どこかで会った旅仲間が教えてくれたが、進む道は理屈をつけずに自分の直感を信じて歩いていけば、おのずと良い方向に進んでいくものなのかもしれない。僕も直感的に「やってみたい」と思える熱くなれそうなことがあれば、ジョージさんみたいにどんどんチャレンジしていってみようと思った。

326〜328日目　宮崎の大先輩チャリダーに会う　……………………（8月2日〜8月4日）

ライダーハウスを出て、散々お世話になったジョージさんにあいさつして、鹿児島から宮崎へと北上して行った僕は、以前からあらかじめ会う約束を入れていた宮崎の上村さんという方の家に向かった。上村さんは父母の会の会員さんで、また日南市のサイクリング協会の理事長もされており、「宮崎に来たら家に寄ってきなさい」と、旅に出る前から言ってくださっていたので、僕は上村さんの住んでいる宮崎県日南市を目指していた。鹿児島県志布志市を越えて日南まで上ってきたので、もう7月も過ぎて月日は8月2日だ。ただでさえ南国といわれている宮崎も、この時期となると水分補給に気をつけなければならない。熱中症はチャリダーの天敵なのだ。海沿いを走りたいところだったが、このとき海沿いの国道448号線はあいにく工事中で、内陸の国道220号線を走らざるを得なかった。しかし意外にも内陸にしては走りやすい道だったので、夕方近くには無事に上村さんの家に辿り着くことができた。

「おお、啓太君。初めまして。よくここまでママチャリで来られましたね。どうぞ上がってゆっくりしていってください」

早速広々とした家に上がらせていただき、風呂で今日の一日の疲れを流させていただいた。奥さんやお孫さんも一緒で、僕の旅の話にとても興味を持たれていた。

晩ご飯をいただいた後、上村さんは自分の昔の写真を僕に見せてくださった。20歳の時の写真と言っていたが、驚いたことに上村さん自身も日本一周を当時されていたのだ。この時それを初めて知ったので、「そんなまさか」と思ったが、実際に写真を見ると自転車で北海道の宗谷岬に立っていたり、高知の足摺岬に行っているではないか。さらにすごいのが、当時の各県の市役所の市長のところに上村さんは直々に会いに行っているのだ。証拠に各県の市役所の市長からのサインがファイルいっぱいに詰まっていた。九州の市役所は全て制覇したそうだ。

「当時は規制が緩かったからね。どれも直談判だったけど、どこの市長さんも会ってくださりメッセージをいただけたよ」

今ではせいぜい県庁めぐり、いわゆる各都道府県庁の前で記念写真を撮るのがやっとだろう。昭和47年と書いていたが、古きよき時代だからできたことだ。

もし今の時代に各県の市長に会うなら、何かしらコネやツテがなければ実現しないだろう。その分上村さんのやった日本一周がチャリダーとしてとてもうらやましく思えた。

「昔は今ほど道も舗装されてないから、パンクも多かったし、北海道の道なんて砂利道が多かったから車が走り抜けるたび砂埃かぶってたなぁ。地図はドライブ用の地図しかないからそれを頼りに進んでいったし、電話する時は公衆電話から家に連絡入れてたなぁ」

各県の市長さんと上村さんのツーショット集

そういえば北海道のミスターバイシクルのオーナーも昔日本一周をしていたのを思い出した。当時はネットやケータイもないので、それこそ大冒険だったのだろうと思えた。

「上村さんの場合はなぜ当時日本一周しようと思ったんですか？」

「自分の力を試してみたかったからかな。まだ自分の人生これでいいのかよく分からなかったから、旅して自分の人生見つめてみたいと思ったんだろうな」

上村さんも当時は自分の人生に迷う若者だったのだろう。今の僕もまだまだ人生模索中といったところだ。人生に迷えるのは若者の特権なのだろう。

「今みたいにコンビニなんてないからよ、商店とかで食材買って自炊してたなぁ。寝泊りはよく駅でしてて、夜も駅員さんいるんだけどホームで寝てても追い出されたりなんかなかったぞ。それどころか駅員さんが家に泊めてくださって、風呂や飯も提供してくれたりなんかもあったな。昔は今より不便だったけど、寛容な人が多かった時代だったなぁ」

上村さんの話は同じチャリダーとして、聞けば聞くほど興味深いものであった。旅が終わった後も、旅で知り合ったチャリダー仲間が家を訪ねてきてくれたそうだ。ケータイやネットもなく不便な時代かもしれないが、寛容な人がたくさん居た当時の日本で旅が出来た上村さんの体験は、ますますうらやましく思えた。

そんな上村さんももう65歳になるそうだが、実はまた挑戦しようとしていることがあるそうだ。

「昔日本一周でまわった市役所にもう一度自転車で訪れて、当時のお礼ともう一度サインをもらおうと思っているんだ」

それは素晴らしいことだ。その旅は上村さんにしか出来ないだろう。もう4分の1の市役所には再び訪れたそうで、過去と現在の市長のサインを見比べさせてもらった。同じチャリダーとして、上村さんが市役所巡りを達成されるのが楽しみである。当時の旅の記録や話を聞かせてもらいながら、この日の夜は過ぎていった。

翌日の8月3日、この日は上村さんの家を出て宮崎を徐々に北上していく予定だ。それと上村さんの粋な計らいにより、この日は上村さん宅に知人の新聞記者の方が取材しにきてくれることとなった。おかげさまで旅の途中で取材されるのは北海道の武田邸以来で、これで二度目だ。お昼前くらいに女性記者の方が来てくださり、色々と取材を受けた。改めて将来のことなど深く突っ込まれると、自分でもはっきりしてない部分が見えてきた。これから少しずつでも道を見出せるよう、旅をしていこう。

取材が終わった後は、上村さん宅でお昼をいただいてから出発した。もう昼をまわっているので、宮崎市内に入るのがやっとだろう。そんなことを考えながらペダルを進めていると、後ろからクラクションが鳴る。振り向くと、何と上村さんが車で僕を追いかけてきてくださった。

「やっぱり今日は暇だし、心配だったから、近くの道の駅まで送っていこう。ついでに鵜戸神宮とい

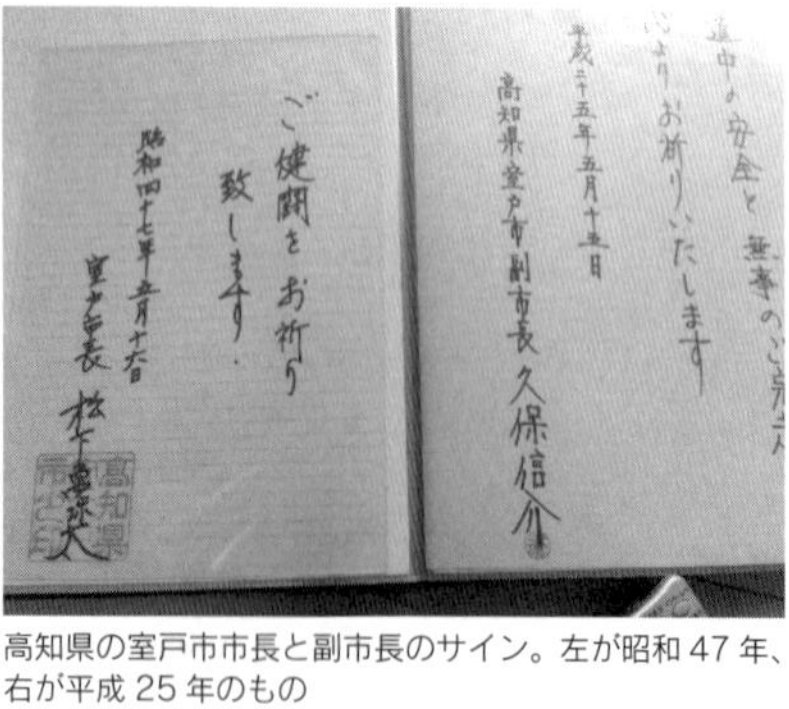

高知県の室戸市市長と副市長のサイン。左が昭和47年、右が平成25年のもの

う観光名所もあるから、案内するよ」

それはありがたい。鵜戸神宮も観光してみたかったので、迷わずチャリごと上村さんの車に乗せていただいた。車で日南市の鵜戸神宮には、30分くらいで到着した。鵜戸神宮は、珍しく海沿いの洞窟の中に神社があり、洞窟の中は意外と広々としていた。地震が起こって洞窟が崩れたらぺしゃんこにつぶれないのだろうかとすこしヒヤヒヤものだった。お賽銭代わりに、小石を海の岩場の潮溜まりにうまく投げ込んだら願いが叶うという面白い趣向もあった。僕も投げてみたが、意外と難しく、8回目のチャレンジでやっと小石ひとつが入った。神社はこの旅ではあまり訪れてはないが、海沿いの洞窟にあったり、灯籠もたくさん並んでいたりと、おそらく他の県ではなかなか見られない場所であった。

鵜戸神宮を観光した後は、宮崎市にある「道の駅フェニックス」という場所まで送り届けていただいた。なかなかかっこいい名前をした道の駅だが、フェニックスらしい要素は特に感じられなかった。強いて言えばすこし離れた山林から、野生の猿がこちらをうかがっていたので、荷物をとられないように気をつけなければならないということぐらいか。ここまでわざわざ送ってくださった上村さんにお礼を言って別れ、この日は道の駅フェニックスで星空を見ながら寝泊りをした。

翌朝の8月4日、とりあえず朝は米を炊いて宮崎市を北上することにした。道の駅のような公共施設は朝が早いから、やはり僕は人気のない放置されたような公園が一番好きだ。ゆっくり二度寝もできない。

今日もこの付近に、「青島神社」という有名な神社があると上村さんに教えてもらってたので、そこにも足を運んでみることにした。なんでも海を橋で渡った小島にその神社があると聞く。

海沿いを走っていると、海の干上がった場所の地形がなぜかギザギザしていた。まるで洗濯板みたいなのである。実はこの不思議な地形は「鬼の洗濯岩」と呼ばれており、この土地特有の波や地質で長い年月を掛けてこうなったのだそうだ。他の地域ではどこにもこんな地形の岩は見なかったので、ここはもっと観光名所としてピックアップされてもいいのではないかと個人的に思った。宮崎に来て初めてこの地形の存在を知った。

青島に到着すると、海沿いの神社ということもあり、橋の手前はちょっとしたビーチで出店や海水浴客でにぎわっていた。横幅の長い橋を渡り青島に着くと、大きな鳥居が出迎えてくれた。どうやら島のサイズからして、この島そのものが神社みたいなものらしい。そうするとなんだか広島県の宮島を彷彿とさせられた。しかし残念、ここには鹿もいなけりゃもみじ饅頭もなかった。島の中は亜熱帯植物が密集してちょっとしたジャングルのような雰囲気だ。そしてここにも、鵜戸神宮のように〝投げ入れゲーム〟があった。ここのは、お皿を目印の場所に投げて割れなければ心願成就、割れたら割れたで開運厄除という、いささか救いのあるシステムとなっていた。ためしに2、3枚投

青島神社の鬼の洗濯岩。最初は人工物かと思ったほど、見事な造形だ

げてみたのだが、距離が意外とあってそもそも目印の場所に投げ入れること自体が難しかった。見事に目印の場所に入らず全てのお皿を割った僕は、難易度では鵜戸神宮の小石投げの方が易しいと確信した。

昼食で本場のチキン南蛮を食べて大変満足した僕は、その後も宮崎を北へと進み、本日のねぐらを探していた。夕方ごろに、静かな感じの公園を見つけて、今夜はここに寝泊りすることにした。しかしこの選択は大きな誤算であった。この公園、隣に神社がくっついているのだが、この神社に蚊がめちゃくちゃいたのである。日の差し込まないような神社だったので、たぶん蚊にとってはとても過ごしやすい環境だったに違いない。そしてそのことを甘く見ていた僕は、公園の水道で水浴びしていた際、蚊の集中攻撃を受けてしまった。水を恐れて近寄ってこないだろうと勝手に判断していたのだが、全くそんなことはなく蚊は僕の体中に血を吸いにやってきた。一応パンツを穿いていたが、ケツも刺されてあまりに痒かったので、パンツを脱いで水浴びをしていたところを運悪く誰かに見られたらしく、通報されて後でおまわりさんに公園を追い出されてしまった。まぁ留置所に放り込まれなかっただけ良しとしよう。ちなみに酔っ払ってベンチに寝てしまい、警察官に保護され留置所で一晩過ごすこととなったチャリダー仲間によれば、留置所はベッドもなくて寝心地は悪かったらしい。絶対にお世話にはなりたくない宿泊場所だ。

そういうわけで寝床？　を追い出された僕は、すこし行った先に大き目の公園があることをおまわりさんから教えてもらったのでとりあえず向かってみることにした。でもケータイで調べたところ、あまり良さそうな公園ではなさそうだ。

着いてみると思った通り、キャンプ禁止の場所だった。少し中を物色してみたが、綺麗に整備されており、見回りが来ても不思議でなさそうだったので、ここはやめておくことにした。寝ているときに追い出されるのが一番最悪なので、別の場所にしよう。

しかしもうこの付近に公園はなさそうだ。夜も9時を過ぎており、もうあきらめてホテルでも泊まろうかと考えながら進んでいると、いかにも放置されたような名もない公園を発見した。草がだいぶ伸びきっているので、管理人なんかはまず来ないだろう。日当たりの良さそうな場所だったので、蚊もほとんどいなかった。安心してテントを張って寝ていると、まだ朝でもないのにセミが大声で鳴きだした。

「ミーンミーンミーンミーン!!」

すぐ鳴き止むと思っていたが、一向に静かになりそうにない。最初はなぜ鳴いているのか分からなかったが、よく見ると公園内の外灯に反応して鳴き続けているらしい。昼と勘違いしているのだろう。しかし今そんなに頑張ると、明日の朝に響くぜセミさんよ。

しかしそんな僕の忠告が彼らの耳に入るわけもなく、これでもかと言うくらい夜中の公園内に彼らの叫びがこだまする。もうさすがに移動する気も起きなかった僕は、彼らの叫びに耐えながらいつの間にか眠っていた。

331〜335日目　寄り道に青春あり!?　かとり神社の夏祭り……………………（8月7日〜8月11日）

8月7日、すでに宮崎を無事抜けた僕は、大分県を徐々に北上していた。もう大分県と言えば、福岡県の右隣なので、ついに日本一周の旅が終わりを迎えるのも間近だ。と言いたいところだが、僕はこれから福岡へは行かず、海を渡って四国へと行くのである。四国は去年の12月頃にもまわったのに、なぜまた訪れるのか？　その答えは高知県にある。

そう、僕が今目指しているのは高知で出会った近藤さんが行う「かとり神社の夏祭り」なのである。祭りのボランティアが8月14日からなので、最近はそれにあわせて動き続けていたのである。故に、屋久島や喜界島、沖縄本島の時も僕は少し急ぎ足だったのだ。去年の12月頭に近藤さんに会ってから、絶対に「かとり神社の夏祭り」に行きたいと企てていたので、日にちが近づいてきた今、ワクワクが止まらない状況である。

「かとり神社の夏祭り」とは、高知県在住の近藤さんが毎年行っている町の夏祭りで、毎年夏祭りの設営ボランティアに全国からヒッチハイカーや、バックパッカー、それに僕のようなチャリダーが大勢やってくるというイベントである。青森のねぶた祭りも旅人の祭りとして有名だが、かとり神社の夏祭りは高知に行くまで全く知らなかったので、去年12月に近藤さんに会えて本当に良かったと思っている。

旅人といえば先日世界中を自転車で旅しているという、自転車野郎の彰さんという方に道中たまたま出会った。ちょうど夜中セミの鳴いていた公園に泊まっていた翌日、5日の出来事である。彰さんは世界中の国々を自転車で旅した経験のある方で、現在は日本全国を旅しているところだそうだ。世界を旅していたときは、野うさぎを捕まえたり砂漠を自転車で横断しようと試みたりなどなかなかのチャレンジャーのようだ。そんな彰さんの旅のきっかけは2001年のアメリカ同時多発テロだったと言う。

「会社員だった当時、ニュースで同時多発テロのことを知って『自分の人生もいつ終わるのか分からないのだから、生きているうちにやりたいことをやろう』と思って、会社も辞めてかれこれ10年近く旅を続けているんだ」

それは僕が旅に出た理由に共通する動機であった。僕も難病にもかかわらず車椅子で日本縦断の旅に出たという人の話をテレビで見て、「自分もいつこうなるか分からないのだから、後悔しない生き方をしよう」と思い、旅に出たのだ。自分の人生に責任を取れるのは親でも会社でもなく自分だけなのだから、自分の信じた道を進むのが一番と思ったわけである。

自転車野郎彰さんの話はどれも魅力的で、話している雰囲気から人当たりのよさとエネルギーを感じた。そして一番印象に残ったのが〝目〟である。彰さんの目はキラキラしていた。そういえば旅中で出会った、好きなことのために情熱的に生きている人たちはみんな実年齢より若く見え、目がキラキラしていた。高知の近藤さん、礼文島桃岩荘のヘルパーさんらや北海道のミスターバイシクルのオーナーなどみんな同じ目をしていた。人それぞれ年齢や仕事も違うが、自分にとって一番夢中になれることに人生を賭けていくのが、人は一番輝いて生きていけるのだろう。彼らは、何も語らずとも僕にそれを教えてくれた。僕が一番輝いて生きていける道はどんな道だろうか。自分という人間が一番輝ける場所を見つけるまで、僕の中での本当の旅はこの自転車旅が終わっても続くだろう。

今日は大分の佐伯という場所まで着けば、そこから深夜のフェリーで高知の宿毛という場所へワープできるので、日中は佐伯を目指してひたすら灼熱の田舎道を走り続けた。お昼になってもなかなか食堂なんかが出てこなかったので、たまたま見かけた無人駅でレトルトカレーと米を自炊して食べたりなんかもした。夕方ごろには佐伯に着いたので、晩飯を摂ったりフェリーターミナルで日記を書いたり時間を潰しながら、21時前に相棒のママチャリとフェリーに乗り込んだ。夜中の12時に久々に高知の地に降り立った僕は、近くの適当な公園を見つけてその日はそこで野宿した。

翌朝の8月8日、この日は近藤さんのいる香南市を目指しながら、前回行ってなかった土佐清水市にも行ってみる予定だ。土佐清水市には足摺岬という観光スポットがあるので、そこへ行くためでもある。昨晩泊まっていた公園で朝飯のパスタを食べていると、地元の高校生らが野球をしに運動場へ集まってきたので、そそくさとテントを撤収

高知県宿毛市行きのフェリー。船内にはゲームコーナーもある

し出発する。

道中はひたすら高知南部の海沿いを走っていたが、高知の海は他の県の海より随分荒かった。そういえば以前来た桂浜も遊泳禁止となっていたので、高知の海はどこもこんな感じなのだろうか。いかにもサーファーが好きそうな海の荒れっぷりである。それにしても、前回高知を旅したときはあまりの坂の多さに自転車旅ではもう来たくない場所であったが、よりによって一番暑い時季に高知を走ることになろうとは夢にも思わなかった。果たしてこの先無事に近藤さんのところまで辿り着けるのだろうか。

いくつもの難所を越えて、どうにか土佐清水市の運動公園へ辿り着けた。もう夕暮れ時なので、足摺岬に着くのは明日となりそうだ。しかしまだまだ高知には険しい道があると前回の高知旅から経験済みなので、明日も更なる険しい道が待っていることだろう。

翌日の8月9日、この日は足摺岬を観光して、先へと進もう。運動公園を出た僕は、足摺岬への道を進み続けるが、思ったとおりたくさんの上り坂が目の前に立ちはだかった。日中に足摺岬を観光して先へと進むのは困難と判断した僕は、歩道の茂みのスペースに自転車の荷物をはずして置いていくことにした。盗られないか心配だったが、これでだいぶ身軽になったため、スピードも相当上がった。そのおかげ

足摺岬。近くにユースホステルもある

もあってか、途中の坂も普段よりだいぶ楽に越えて、午前中には足摺岬に辿り着けた。

足摺岬は崖っぷちの高い場所に灯台が建っているのが印象的な場所だったが、足摺岬は灯台だけでなく、七不思議と言われる面白スポットがいくつかあった。「地獄の穴」というのもあり、地面に空いた小さな穴に小銭を投げ入れるとしばらく音を立てながら小銭が落ちていくのである。何でも先祖の供養になるそうだ。しかし地獄と言う割には、小銭の落ちる音からして穴の深さは10メートルもなさそうだ。

足摺岬を見た後は、高知のご当地アイス「アイスクリン」を食べて、荷物のある場所へと戻った。幸い荷物を荒らされた形跡もなく、つくづく日本は安全な国なんだなと実感する。

地獄の穴。パッと見井戸に見える

そのまま夕方まで高知県を東へと駆け抜け、今夜の寝床は道の駅の駐車場の空きスペースにすることにした。もう道の駅も閉館していたので、障害者用トイレを少しだけ拝借して水浴びを行う。この暑い時季なので、汗疹を防ぐためにも毎日の水浴びは欠かせないのだ。早速テントを張って荷物を中に置いたが、この寝床は失敗だったと後で気づかされることとなる。日が暮れてからはとりあえず弁当が半額になるタイミングを見計らって、すこし離れたスーパーへ向かった。案の定弁当は通常より安くなっていた。一人旅では節約も大事なスキルなのだ。

スーパー内のイートインコーナーで晩飯を食べた僕は、テントに戻って寝る準備を始めた。しかしなんだかテント内がやけに暑い。いや、テントというよりも地面が暑かった。

実は、テントを張っている地面がアスファルトだったため、思った以上に熱が抜けてなかったのである。アスファルトの地面は日中はずっと日光で熱されていたので、夜10時になった今でもまるで床暖房状態なのだ。しばらく待てばだんだん地面の熱はさめていくだろう。そう思っていた僕だったが、なかなかアスファルトの地面は冷めず、せっかく水浴びした体も汗だくになりながら、僕は床暖房のようなテント内でのた打ち回りながら朝を迎えたのだった。

翌朝の8月10日、目覚めはここ最近で最悪である。真夏に天然床暖房の効いたテント内で寝てたのだから、正直しんどくて二度寝したかった。しかし今日も天気は良く、強い日差しと暑い気温は僕に二度寝のチャンスは与えてくれなさそうだ。真夏の日差しに追い立てられるように道の駅を出発するも、すでに体力はＭＡＸ状態の半分以下だった。もう絶対に夏の夜はコンクリートの上にテントを張らないようにしよう。

道の駅の駐車場にて。暑さで全くと言ってよいほど寝れなかった

今日は高知市に入るため、国道56号線をひたすら走り続ける。しかし今日はいつも以上に険しい坂も現れ、頭もくらくらするので道中よく手持ちの水を頭からかぶっていた。そうするとだいぶスッキ

りするのである。頭がだいぶ熱されているので、頭からかぶった水が足に滴るときはぬるま湯くらいの温度となっていた。そういえばこの道も去年走った道で、「夏に来たら絶対ヤバイだろうな」などと思っていたが、その予言どおり暑さと山道のような坂の険しさに僕はヒーヒー言っていた。実際高知の国道56号線では、出てくる景色は大半山ばかりなので、途中涼めるコンビニも少なくかなりきつい。どうにか峠を越えると、今度は3、4キロにも及ぶ長い下り坂を下りていく。この峠は「七子峠」というのだが、全部下るのにも5分か10分くらいはかかるほどの下り坂の長さである。もちろん途中休めそうな場所もなかったので、これが上り坂だったら絶対上りきれないだろう。しかし夏祭りから大分に戻るときは必ずこの坂を今度は上りとして通らなければならない。そのとき僕は一体どうやって乗り越えようか。

七子峠を下った後は、適当な寝床はないかと公園を探したが、なかなかいい感じの公園が見つからない。すこし進んだ先に4000円以内で泊まれる民宿があったので、そこに予約して向かった。しかしそこまでの道がまた坂ばかりで険しく、夜中の9時になって全身汗だくの疲労困憊でようやく民宿に辿り着いた。

「まぁこんな夜中になってやっと来ましたねぇ！　もっと早く来ればまともな夕食を出すんですけど、今日はもう遅いから簡単なものしか出せませんよ！　とりあえず部屋にご案内しますね」

民宿のおばちゃんはなんだか厳しそうな人だ。だが素泊まりで予約したのだが、なぜか夕食を出してくれると言う。戸惑いながらも部屋へと案内され、風呂でシャワーを浴びた。体中汗や砂埃まみれで気持ち悪かったので、シャワーを浴びた後の爽快感が半端じゃなかった。リビングへ行ってみると、おばちゃんが夕食を用意してくれていた。白飯にソーセージや卵、漬物、梅干、サラダ、ハムときゅうりをまいたやつなど、あまりガッツリしたやつではないものの、お腹がとても減っていたので相当ありがたい。いただきますを言い、貪るように米を口に掻きこんだ。非常に体が飢えていた分、食べ物の養分が体へ流れ込んでいく感覚がよく分かった。

「ウチは素泊まり専門だけど、あなたみたいな旅人さんやお遍路さんにはお金を取らず夕飯や朝飯をご馳走しているの。やっぱりこの四国にはお遍路さんのような旅人が毎年来てくれるのがありがたいから、そうするようにしているのよ」

それからおばちゃんは自分の家族のことなんかを僕に話してくれた。子供が3人居るそうだが、もうみんな成人して、今では東京や他県で就職して、みんな教授や銀行員になったりなんかして立派に稼いでいるんだとか。

「ウチは子供の時から息子たちを厳しく教育してきましたからね。だからここに来るお遍路さんや旅人さんにも、明日より良い旅をしてもらうためにご飯を提供したり早寝早起きしてもらってるんですよ。さぁ、もう10時も過ぎたことだし、早く部屋に戻ってお休みなさい。明日は5時には起きてもらって6時には宿を出てもらいますよ」

うへぇ!? 明日は5時に起きなきゃならんのか。もう少しゆっくり寝ときたかったのだが、明日朝飯を出してくれると言うし、「起きなきゃ布団を引っぺがしても起こす」というおばちゃんの威圧感に押され僕は明日のために早々と布団に入った。

翌朝、どうにか5時に起きられた。まだ多少疲れは残っているが、梅干やサラダなど体に良さげなものを昨晩たくさん食べたため、だいぶ体力も回復していた。リビングへ向かうと、おばちゃんが朝ご飯を用意して待ってくれていた。

「あら、起きないんじゃないかと思っていたけど無事起きてこられましたね。朝ご飯を用意しているので、冷めないうちに食べて早く出発してね」

おばちゃんの作った梅干やご飯、味噌汁をいただいて、荷物をまとめた僕は朝6時過ぎに民宿を出発した。終始厳しい雰囲気のおばちゃんだったが、健康的な食事を摂らせてくれたおかげでなんだか体がスッキリしたような気がする。それに朝早い分、まだ気温も高くはないので今のうちにスムーズに進めそうだ。こういう民宿も悪くないんじゃないかと思いながら、僕はいよいよ今日辿り着く近藤さんの家へと向かった。

早い時間に出発したおかげで、昼くらいにはもう高知市の中心街まで僕は来ていた。もう近藤さんの家まであと20キロ程度である。近くに「ひろめ市場」という、カツオのたたきなどが食べられる有名な市場があるのだが、あいにく今日は「よさこい祭り」という地元の祭りが行われており、県外からの観光客で市場も座れないくらい人で溢れかえっていたので、この日は泣く泣く牛丼チェーン店で昼飯を済ませた。その後はしばらくよさこい祭りを観光して、近藤邸へと向かった。

近藤邸には、日暮れ前にようやく辿り着いた。近藤さんは仕事中で、まだ家には帰ってないと連絡をもらっていたので、適当に中に上がっていてくれとのこと。相変わらずの緩さである。久々にやってきた近藤邸には、犬と鶏と新しい居候が増えていた。どうやら犬は以前訪れた時の居候、イキロとゾウが保健所から引き取ってきたらしく、鶏は近藤さんが知り合いからもらったそうだ。僕が去ったあとにやってきた旅人が、犬小屋や鶏小屋作りを手伝ってくれたらしい。イキロもゾウももう地元へ戻っており、今居る「ゆうきゃん」という居候とおしゃべりしながら、近藤さんの帰りを待つ。ゆうきゃんは京都出身だそうで、今回は秋田から車でわざわざやってきたのだとか。なかなかのフットワークの軽さだ。聞けば、他にも居候は何名かおり、これから夏祭りに向けてどんどん人も増えていくのだそうだ。どんな旅人が増えるのか、これから楽しみだ。しばらく待っていると、他の居候に混じって近藤さんも帰ってこられた。

「おお、サイヤ久しぶりじゃの〜!! ボランティアに来てくれて嬉しいぞー!! 夏の高知はなかなか暑いじゃろ?」

久々の近藤さんとの再会だ。相変わらず元気そうで何よりである。この日の晩は近藤さんや居候たちと一緒におしゃべりしながら、近藤さんの出してくださった晩ご飯やお酒を美味しくいただいた。今日は8月11日なので、本格的にボランティアが始まるのは3日後だ。少し早く着いたが、これからここに集まってくる旅人を近藤邸でお手伝いでもしながら待つとしよう。

338〜344日目　旅人大集合!!　かとり神社の夏祭り!!……………………（8月14日〜8月20日）

8月14日、近藤邸に来て4日目。もうこの頃にもなると近藤邸に滞在している旅人がだいぶ増えてきた。総勢10名くらいだろうか。すでに近藤邸はパンク状態である。みんなヒッチハイクや自転車日本一周の現役や経験者ばかりで、出身はみんなバラバラである。僕にとっては近藤さん以外全員初対面なのだが、みんな親しみやすい人間ばかりなので、仲良くなるのに時間はかからなかった。ボランティアが始まるまでの昨日おとといは、みんなで隣町の夏祭りに遊びに行ったり、かき氷を食べたり、夜は近藤邸で宴会したりなど楽しい日々を送った。

今日から夏祭りの設営ボランティアが本格始動するので、みんなで近所の空き地までぞろぞろと出向く。近藤邸の目と鼻の先にあるこの空き地が、夏祭りの会場になるのだから楽しみだ。まずはステージ作りのために、パイプや木材を倉庫から運び出したりした。地元の大工さんも何名か来てくださったおかげで、わずかな時間でもだいぶステージ作りが進んだ。ある程度ステージの骨組みが出来上がると、今度は地元の相撲大会をみんなで見に行ったりなんかもした。かとりメンバーの仲間も何人か出場したが、地元の高校生チーム相手に全員敗退

高知の近藤邸にて。初めましての人とも同じ釜の飯を食えばすぐに友達だ

していた。相手は高校生といっても、図体はみんな大人並みなので、素人の僕らではてんで相手にならなかった。

翌日の8月15日からは近藤邸に来るボランティア旅人がどんどん増えてきたので、今日から近藤さんの働いている旅館の宴会部屋でみんな寝泊りすることとなった。人数が20人近くなってきたので、さすがにもう近藤さん家に全員収まりきれない状態だ。この頃から大体毎日のスケジュールも定まってきて、朝の8時から夕方5時ごろまで会場の設営作業で、たまに海遊びやバーベキューを楽しんだりしながら、夜にはみんなの寝泊りする宴会場でそのまま宴会をするという流れだった。そんなわけだから昼はみんなで祭り会場の設営ボランティアで汗を流して、夜はお酒や高知名物「カツオのたたき」なんかを食べながら旅談義に花を咲かせるのだから、楽しくないわけがなかった。ボランティア期間中の滞在費もほとんどタダみたいなもので、「みんながわざわざ遠方からボランティアしに来てくれているから」という近藤さんの粋な計らいにより、参加費数千円程度で宿泊費や食事代、お酒の費用まで近藤さんが持ってくれた。太っ腹すぎるぜ、近藤さん!!

同じ日本一周チャリダーも何人か参加していて、彼らとは特に話が盛り上がった。北海道から自転車日本一周に挑戦しているこーめー君も、とても話の盛り上がる旅仲間の一人だった。

祭り会場の設営時。作業中は皆一生懸命である

「俺旅に出たのは実は去年の春ごろなんだけど、それでもって近藤さんと知り合ったのは去年の夏前なんだよね。俺が近藤さん家の目の前走ってると、あの人に呼び止められて、そっから近藤さんのところで3週間くらい世話になったのよ。そのときにこの夏祭りのこと知ってさ、去年めちゃめちゃ行きたかったんだけど夏なのに風邪引いちゃって高知行けなかったんだよね。あん時はマジ無念だったな〜」

そんなこーめー君だが、九州ではもう1年くらいバイトしながら過ごしていたと言う。資金が途中で尽きたのかと訊いてみた。

「尽きたと言うより、盗られたんだよね。福岡に入ってからテント泊してたときに、朝起きたらチャリのバッグにつけてた荷物が荒らされてたのよ。バーゲンセールみたいに中身が散らばってたね。そん時は気付かなかったんだけど、後になってバッグに入れてた現金40万くらい盗られたことに気づいてさ、『これもうどうすりゃいいんだ』ってなったときに、車の部品工場の工場長さんとたまたま出会ったんだよ。それでわけを話したら、『じゃ俺ん所でしばらく働くか?』ってなって、何日か後に働けるってなったわけ」

そんなこともあるもんなのか。まさしく捨てる神あれば拾う神ありというやつだ。だが働くまでが一番大変だったとこーめー君は振り返る。

「盗られた後の残金が500円しか残ってなくてさ、実際に働ける日まで1日100円で粘ってたのよ。だからマックに駆け込んで、ハンバーガーと水だけ頼んで、1日そこで過ごしたりしてたんだ。

そんなときに、偶然町で出会った人が助けてくれて、家に泊めてくれてご飯とか食べさせてくれたんだよね。お金もなくてしんどい思いしてた分、人のありがたみを身にしみて感じたよ。福岡の工場で働いている時は結構楽しくて、みんないい人ばかりだったし、そのあと大分で解体の仕事やってた時も楽しかったな。今ではお金取られたこともむしろ良かったんじゃないかとさえ思ってるよ。だって盗られてなかったらこれまでの経験や出会いもなかったんだもん」

それを聞いて、僕も共感させられるところがあった。僕は知っての通り、生まれつき左手が不自由なのだが、この手があったからこそ、今の僕があるのかもしれない。左手がちゃんとあれば、たぶん生まれてから出会った人も違ったかもしれないし、それに従い自分の行動や価値観も多少なりとも今とは違うだろう。少なくとも左手があったら父母の会にはつながっていないはずだ。それが今の自分から見ていいことなのかどうかは定かではない。左手があったならば、今の自分の人生よりも充実していたかもしれないし、そうじゃなかったかもしれない。しかし今の自分は客観的に見てそんなに悪くないと思う。少なくとも僕は社会の枠にはめられずに自分の意思に従い「自転車日本一周」という大きなチャレンジをしているのだから、僕は今までの人生の中で一番キラキラしているだろう。一見マイナスに見えるような出来事であったとしても、その道

お昼ご飯にて。もう若い旅人も相当な数に増えた

に進めばその道でしか得られない出会いや、価値観、喜びがあるので、人生生きていればたとえ明日手足がなくなったとしてもそんなに悲観しなくて良いのかもしれない。塞翁が馬とはよく言ったものだ。何かを失ったことが、良い方向に向くきっかけになることもあるのだ。

祭り本番も徐々に近づいてくると、ステージ作りもだいぶ形となってきて、ボランティア作業にも活気が出てきた。がら空きになった倉庫を使ってお化け屋敷をみんなで作ったり、ロープを電柱につないで提灯を付けていったりなど、だいぶ本格的にもなってきた。

旅人の数もいつの間にか50人近くなり、ほとんどの旅人が僕よりも若い人ばかりで、主に大学生、中には高校生くらいの年齢の子も居た。そんな若い旅人たちを見たり話したりしていると、みんなボランティアで来ているにもかかわらず、それぞれが自主的に動き、かつ自身の考え方がはっきりしているのだということに気付いた。それは決して学歴や学校で習う勉強で得たものではなく、自身の行動や経験から得た経験値で成り立っているものだった。やはり実際に社会に出て役立つのは、学校で習った勉強よりも自分で考えて行動した上で学んだことなのだろう。僕自身これまでの旅では写真の路上販売やヒッチハイクやいろんな場所で野宿と、多くの経験をしてきたが、その経験のかずかずが今の自分の行動力や発想の柔軟さにつながっている。本当の勉強というのは、ただ教えられるだけのものではなく、自分で考え、行動して、そしてその結果を反省して初めて体得できるものなのだろう。

祭り本番もあと2日となった8月18日、かとりメンバーの仲間がどこからか旅人をナンパしてきた。なんでも車で近くを走っていたら、たまたま自転車とスケボーで旅をしている旅人二人を見かけたので、祭りに来ないかと誘ったそうだ。ほんとにナンパ並みのノリの軽さだが、こういうノリの良さは今の内気な日本人にはもっと必要なのかもしれない。

ナンパされてやってきた旅人の一人はスケボーで四国一周中、もう一人は僕と同じ自転車日本一周中だという。旅しているだけに話も面白く、彼らも急遽夏祭りのボランティアに参加してくれることとなった。たったひと言声を掛けたことからご縁に繋がったので、ナンパした旅仲間のようになんでもすぐ行動してみるのは大きな意味を持つのだろう。

祭りでは、設営だけでは終わらず、それぞれの旅人に担当の持ち場（お化け屋敷でお化け役、ステージの司会役など）があるのだが、僕も当然何かをやることとなった。どうせ何かやるのであれば、普段できないことをやってみようと思い、祭りでゆるキャラの着ぐるみを着ることにした。着ぐるみの仕事は、祭り当日にステージで踊り、子供たちを喜ばせることなので、結構大仕事である。僕の他に4人の仲間が着ぐるみを着て踊ることとなったが、踊りはおそらく僕が一番下手だ。果たしてうまくいくだろうか。

着ぐるみ役が決まってからは、仲間と毎晩設営の仕事の後に踊る練習をしていたが、思っていた通り僕が一番下手だ。しかし踊りをやると決めたからには一生懸命練習する。やってみて分かったのだが、踊りを覚えること以上に着ぐるみを着ていること自体がハードだった。クーラーの効いた部屋でも、少し踊っただけで着ぐるみの中は熱気でムンムン、すぐ汗だくになる。それと視界がとても悪い。身に付けている着ぐるみによって、その辺は違うのだが、目が離れているキャラクターなんかはほとんど目をつぶった状態と変わらない、と着ている本人が教えてくれた。僕の着ぐるみは視界はそれほど悪くないものの、見えづらいことには変わりなく、そして中はサウナ状態だった。当日はクーラーの効いていない状況で着ぐるみを着て踊るのだから、まるで真夏にサウナルームで半透明の目隠しをしながら踊るようなものだ。今まで何かのイベントなんかで着ぐるみを着て子供とじゃれあっている人の姿はよく見かけてきたが、彼らはこんなハードな状態に耐えながら子供たちと接していたのか。やってみて初めて分かる人の苦労。この日から僕の着ぐるみを着ている人を見る目は、尊敬の念を帯びるようになった。

そして来る8月20日の祭り当日、この日は午後3時ごろから祭りが開始されたのだが、地元の子供たちや親子連れなんかが開始時間から大勢押しかけてきて、地元の協力者の方々も、出店を出してくださったりで、開始早々大賑わいの祭りであった。ラーメン早食い大会や、ラムネ一気飲み大会などイベントも盛りだくさんだった。

夜になると、いよいよ僕の出番であるゆるキャラのダンスだ。初めてのことなので緊張度はMAXで、うまく踊れるかは正直分からなかったが、自分が楽しめば周りも楽しめるんじゃないかと思い、楽しみながら踊ることを最優先にしてみた。ドキドキしながらステージに上がってみると、子供たちの黄色い歓声がどっと湧き上がった。おかげで僕の少々こわばっていた気持ちもだいぶ緩んだ。

子供たちに大人気のゆるキャラたち。その暑苦しさと視界の悪さは入った人間しか分からない

黄色い声援の中、あまり上手には踊れなかったものの、子供たちに支えられながら踊れたことはとても思い出深いことであったし、達成感があった。何より「子供が可愛い」と実感できたことが大きな収穫だったと思う。というのも、踊りが終わった後に、ゆるキャラと子供たちの「ふれあいタイム」なるものがあるのだが、そのときに子供たちがゆるキャラの名前を言いながら飛びついてきてくれるのだ。自分の子供ではないのだが、あれほどまで子供が可愛いと思ったことは今までなかった。そのとき初めて物事に対する「やりがい」というものも実感した。あれほど踊りを覚えるのが自分にとって大変で、かつ着ぐるみを着ること自体がハードだったにもかかわらず、この瞬間はそんなことを忘れるくらいに子供たちとの交流が楽しかった。仕事におけるやりがいも似たようなものなのかもしれない。目標を達成するまでの過程がいかに苦しくても、達成した喜びがそれを上回ればそれはおのずとやりがいとなるのだろう。喜んでくれる人の数が多ければそれはなおさらだ。今回の踊りでは、自分だけでなく子供たちも一緒に喜んでいてくれたので、その分喜びが倍増したような気がする。

そして祭りの最後は、打ち上げ花火とボランティア仲間の記念撮影で締めくくられた。出身も違うし年齢も違う仲間たちとの祭りボランティア。しかしそれぞれの思考や経歴も違い、年の差も関係なく相手

無事に終わったかとり神社の夏祭り。これだけ多くのボランティアが、祭りを支えてくれた

から刺激されることも多かった。「楽しかった」や「勉強になった」のひと言では言い表せないほどの大きなイベントとなった「かとり神社の夏祭り」。熱い青春を求めて、僕は再びこの祭りにやってくるだろう。

346～353日目　高知からの脱出!!　日本一周終盤戦!!……………………（8月22日～8月29日）

祭りが終わった翌日から、僕らボランティアは祭り会場の片付けへと移った。この日から続々とボランティアに来てくれた旅人たちも帰り始め、ああ祭りも終わったのだなと少し寂しい気分になった。その日の晩はみんな祭りが終わり気が緩んだのか、日付けが変わるまで酒を飲みまくり、翌朝は大半の人間が二日酔いやら寝不足でダウンしていた。それでも何とか会場の後片付けを終わらせた僕らは、打ち上げということで川遊びや、仲間の車で高知の桂浜までのドライブを楽しんだ。近藤さんも、みんなが祭りのボランティアをがんばってくれたからということで、わざわざカツオのたたきを藁焼きにして振る舞ってくださった。

そして8月25日、最後まで近藤邸に残った僕も、近藤さんにお礼を言って高知を後にすることにした。

「夏祭りホント最高でした！　美味しいお酒も毎晩飲めたりたくさんの仲間と関われて、高知に来れて良かったです」

「おう！　またいつでも高知に遊び来てや！　来年の夏祭りもぜひ来てくれよ！」

夏にわざわざ寄り道して高知に行ったのは正直過酷な道のりだったが、「かとり神社の夏祭り」に参加できて本当によかった。

近藤さんには数え切れないほどお世話になってしまったし、たくさんの「経験」や「仲間」という財産を得ることができた。ボランティアはお金にはならないが、それ以上の財産を手に入れられるので、その喜びを知るとクセになってしまうのである。

高知の近藤邸を出た後、僕は大分県の佐伯市に戻ることにした。佐伯に戻ってしまえば、もう自分の家、すなわちこの旅の終わりまでもう300キロもない距離だ。正直帰ることがまだまだ惜しまれるほどこの旅は僕の予想以上に充実したものとなってしまったが、ゴールがあってこそ旅だ。ゴールを目指す気持ちと、旅の終わりを惜しむ気持ちを交えながら、僕は高知を西へ進んでいく。

翌朝8月26日、朝飯を済ませた僕はヒッチハイクで高知の宿毛港まで向かうことに決めた。途中に七子峠という5キロ近く続く上り坂があるので、そこをママチャリで越えるのはきつすぎると考えた故の策である。近くに適当なコンビニがあったため、ここをポイントに網を張ることにした。車が出

桂浜にて。かなりお気に入りの一枚だ

入りする場所なので、乗せてくれる車も現れやすいはずである。なんだかこうして考えると、ヒッチハイクと魚釣りはどこか似たようなものを感じずにはいられない。

この日も日照りが強く、わずかな木陰に身を隠しながらヒッチハイクをしていたのだが、時間が経つごとにどんどんその木陰のスペースが縮んでくるのがささやかな恐怖であった。木陰のない炎天下の中でじっと立ち続けるのはたぶん1時間も持たないだろう。時間との勝負である。

意外にも、今日のヒッチハイクは止まってくれる車が多い。しかしチャリを一緒に載せるというのがやはり最大の難点らしい。それもそうだ。折りたたみ式でもないこのママチャリが入る車といえば、せいぜいバンか軽トラ、もしくはワゴン車なんかだろう。軽自動車なんかでは絶対に入らない。普通のヒッチハイクよりも難易度は高いが、とにかく七子峠を自力で越えるのだけは御免なので、とにかく最後までやってみることにした。

するとあきらめなかったことが功を奏したのか、木陰がそろそろ途切れそうというところで運よく乗せてくれる車が現れた。

「チャリが入るか分からないけど、通るルートだから乗っていけよ」

乗せてくださったのはこれから海水浴に行くという家族連れのお父さんであった。パッと見強面風の方だったが、実はそういう人の方が人情に厚かったりもするものなのだ。車はSUVだったが、お父さんにも手伝っていただきどうにかチャリを積むことができた。これで地獄の七子峠を越えなくて済むと、まさしく命拾いしたような気分であった。その後は高速を通って、来る時の宿毛港から香南市の近藤邸までの過酷な道のりがまるで嘘のように、2時間足らずであっという間に宿毛港に到着してしまった。チャリでは宿毛港から香南市まで4日もかかったのだから、改めて車との差を思い知らされた。

宿毛港に到着した僕は、送ってくださった家族連れのお父さんにお礼を言い、宿毛から佐伯港行きのフェリーへと乗り込んだ。無事に高知を抜けて大分の佐伯港に着いたころには、時刻は夕暮れ時となっていたので、この日の夜は港近くの公園で一晩野宿した。

翌朝の8月27日、テントから目覚めて片づけをしていると、近所の方と思われるおじさんが話しかけてきてくださった。

「昨晩は、ここで野宿したのですか？」

「はい。意外とよく寝られましたよ」

おじさんは僕が自転車で一人旅をしているということを知ると、思い出すように自分の身内の昔話を語ってくれた。

「私の弟もヨットではありますが、世界の海を旅していた時期がありましてね。それは彼の幼い頃からの夢で、旅に出る前もがんばってヨットの勉強をしておりましたよ。しかし船旅の途中、彼は突然病にかかってしまい、ヨットの船旅を断念せざるを得なかったのです。彼は結局、ヨットでの船旅を最後まで成しとげることはできませんでしたが、あなたはどうか最後まで体に気をつけて旅を終えられてくださいね」

話を聞いて、思うところがいくつかあったが、詳しくは聞かないことにした。彼から僕に伝えたいメッセージは、「体を大事に旅をしなさい」ということだけだったので、それだけ分かればもう僕には十分だった。旅も残りわずかだが、旅が良かったものとして終わるように最後まで事故や怪我のないよう走り切ることが、これまで出会ってくれたり応援してくれた人たちにできる一番の恩返しだろう。

「ありがとうございます。最後まで気をつけて旅しますね」

おじさんにお礼を言って、僕は泊まった公園を出発した。おじさんのおかげで、改めて今健康な状態で旅を続けられていることに対して感謝が深まった。

355〜358日目　日本一周達成‼　ありがとう日本！　ありがとうママチャリ！（8月31日〜9月3日）

大分の佐伯を北上した後、僕は別府の温泉や地獄巡りを堪能して、大分県の宇佐市までやってきていた。ここまで来るともう実家までの距離は140キロ程度だ。その気になれば明後日にはいよいよゴールできるだろう。しかし急いでももったいないので、この日はおそらくこの旅で最後となるであろうライダーハウスに泊まるために向かった。

向かっている最中、後ろのタイヤに違和感を感じる。嫌な予感がしながらも、恐る恐る振り返ってみると、思ったとおりタイヤがパンクして空気が抜けていた。「しまった」と思ったが、幸いにも宿まであと１キロくらいのところまで進んでいたので、そこからは自転車を押して進んでもさほど時間はかからずに済んだ。久々のアクシデントだが、このパンクもこの旅ではもう最後だろう。そう考えるとなんだか名残惜しいものを感じる。

　自転車を押しながら進むと本日の宿「ライダーハウスムジカ」に辿り着いた。ここはレストランと宿がくっついているというこれまた珍しい宿で、昼は普通にレストラン、夜は旅人たちの寝床になるようだ。宿主のご夫婦も気さくな性格で、まるで民宿に泊まった時のような家庭的な雰囲気を感じた。レストランを兼業しているので、ライダーハウスにしては珍しく食事も付けられ、朝夕の食事をつけても１泊３０００円ほどで泊まれるので、さすがライダーハウスといったところだ。

　今日の宿泊客は僕一人みたいなので、宿のご夫婦もいっしょに晩ご飯を食べるということになった。晩ご飯は僕がチャリダーということを気遣ってくれてか、ボリューム満点に用意してくださった。宿のご夫婦と楽しく会話をしながら食事をするこの時間がこの日で一番楽しい瞬間であった。

　翌日の９月１日、おかげさまでよく寝られた僕は朝ご飯もたくさん

ライダーハウスムジカ。かなりでかいライダーハウスである

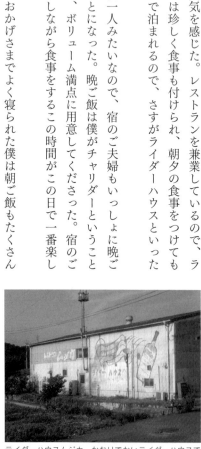

食べさせていただいて宿を出発した。「最後まで気をつけてな〜」と、宿のご主人が見送ってくれた。ぜひまた来たいと思える宿であった。

この日は昼を越えた頃にはすでに福岡県に入った。もうバスでも家に帰り着けそうな距離だ。しかし今日は福岡の友達の家に泊まる。旅の寄り道もこれで最後だ。次に寝泊りする場所は何事もなければゴールした後の実家であろう。ゴールした時、親はどんな反応をするだろう。家の雰囲気は何か変わっているだろうか。そんなことを考えながら走っていると、夕暮れ前には福岡の行橋市の香川君の家に着いた。香川君は大学時代からの付き合いで、当時から仲が良かったので、僕が日本一周の旅に出ると言ったときも、「旅の途中で俺の家に寄ってくれよな」と言ってくれていたのである。だいぶ遅くなってしまったが、約束を果たせることと久々に会えることでとても楽しみにしていたのだ。

約1年半ぶりに会った香川君は、以前と特に変わった様子もなく元気にしていた。「とりあえず夕食を食べに行こうか」という流れとなったので、近くの回転寿司で晩ご飯をご馳走になった。

「仕事してないから、あんまりお金ないやろ？　今日は俺がおごったるわ」と香川君。

いい友を持てて僕は幸せだ。彼の好意に全力で寄りかかり、この日はいつも以上にお腹に寿司を溜め込んでおいた。おかげで彼の家に帰り着く頃は満腹感と眠気ですぐに床でゴロンと横になってしま

宿のオーナ夫婦との晩餐。優しいご夫婦と会話を交えながらの晩餐は、お腹も心も満たしてくれた

った。そんな僕に文句ひとつ言わず、翌朝には朝ご飯まで用意してくれ、「俺は仕事に行ってくるから部屋で好きにしてていいよ」とまで親切にしてくれた香川君には本当に世話になってしまった。僕も他の人の家ならここまで甘えられないが、友達である彼だからこそ寄りかかれたのはとてもありがたいことである。そう考えるとやはり僕がこれまで出会えた人たちや、友達になってくれた人たちとのかかわりはこの旅一番の財産であるなとしみじみ感じる。自分の心のよりどころであったり、気を許せる相手が全国津々浦々にいるのだ。彼らとの関係を大切にしつつも、これからもいろんな場所で〝友達〟と呼べる存在を増やしていきたいものだ。

そしていよいよ9月3日、この日はついにママチャリ日本一周最終日だ。もう距離は70キロほどしかなかったので、今日ゴールである実家を目指して最後の走行へと挑む。まるで夏休み最終日のような気分であったが、これから始まる人生の新学期に向けて、相棒のママチャリに荷物を積んだ。

「気をつけてな。来週の日曜にでもまた遊ぼうな」

香川君がそう言いながら見送ってくれた。ゴールしたら、今度は車で押しかけてドライブに誘おう。

この日は行橋市から国道201号線を通って実家のある福岡市博多まで走ることにした。天気は可もなく不可もなく、曇っていたので涼しくて走りやすかった。しばらく道を進んでいると、最終日だからなのか、ハンバーグ屋さんにナンパされてしまった。

「さっき車で走っているときに追い抜いて、ママチャリで日本一周なんて感心しちゃってさ！　良ければウチこの先でハンバーグ屋やってるから食べていってよ。もちろんご馳走するよ」

旅中めったにないラッキーである。正直香川君の家でたらふく朝飯を食ってまだそれほど時間が経ってなかったので、そこまで腹が減ってなかったというのが実情なのだが、「据え膳食わぬは男の恥」だと思い、ありがたくハンバーグ定食をお店でご馳走になった。どうやら地元テレビにも取り上げられる有名店らしく、空腹ではない今の状態で食べるのには本当にもったいないほどの美味しさであった。

ご馳走してくださったお店のオーナーにお礼を言い、店を出て再び201号線を走っていく。少々お腹が重たいが、少なくとも今日はエネルギー切れ（ハンガーノック）には絶対ならないだろう。しばらく走っていると、厄介なことに国道201号線がバイパス道路になってしまった。したがってこれより先は車かバイクしか走れず、チャリの僕は下道を走らざるを得ない。仕方なく下道である県道60号線を進んでみるものの、こちらはなかなかの峠道であり、「これでもか」といわんばかりの上り坂に僕は仕方なくママチャリを押しながら峠を上っていった。最後の最後でしんどい道を通らされたが、これで自転車旅における坂も最後かと思うと上り坂が終わることにいささか名残惜しさも感じる。

汗だくになりながらも、無事に峠を越えると、今度は蛇行する長い下り道が現れた。この時もう時刻は夜の7時近くになっており、辺り

ラストスパートの夜道にて。自宅までもうひと踏んばりだ

は真っ暗なので自転車のライトだけが頼りだった。真っ暗な峠は不気味な雰囲気を醸しており、何か出てくるんじゃないかと思いながら進んでいた。しかもカーブしたところから対向車が現れたりなどもするので、ブレーキを握り締めながら慎重に道を下っていく。最後の最後なので、かぶとの緒を締めるような気持ちで暗く長い下り坂を下りて行った。

文字通りの今夜の峠を越えると、あとはそれを称えるかのように明るく煌びやかな福岡の街が僕を迎え入れてくれた。走り去る車のライトに照らされながら道を駆け抜けていくと、なんだかそのシチュエーションがこの旅の走馬灯を具現化してくれているような気がした。思えば半年程度で終わるだろうと意気込んだこの旅は、大きく予定がずれて結局1年半ほどかかってしまった。しかしむしろそれで良かったと思う。その分この旅でしかできなかったであろうボランティアやバイト生活ができたし、旅をしなければ出会えない人、そしてその途中寄り道しなければ出会えない人たちに出会うことができた。長い時間がかかった日本一周の旅だったが、僕にとっては走り去る車のライトのように本当にあっという間の出来事であった。できればもう一周してみたいところだが、これまでの経験を生かすためにも、しばらくは地元福岡で自分が経験した種を芽吹かせることに集中してみよう。

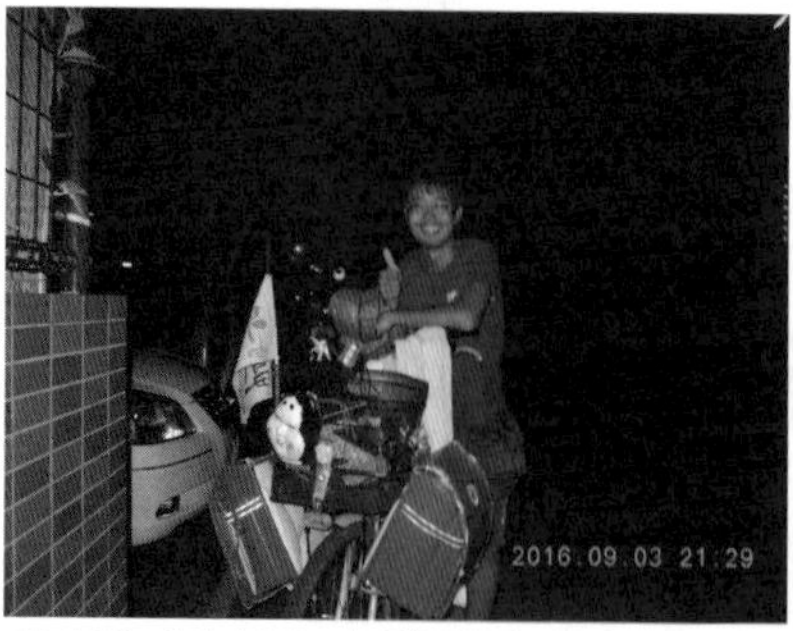

ついにゴール！！かかった日数はおよそ１年半。日本一周をして本当に良かった！！

そんなことを考えているうちに、だんだん見慣れた街並みが目に飛び込んできた。もうここからは地図なんて見なくても家に帰り着ける。不思議なことに、この最終日に限って「今夜うちに泊まっていかないか!?」とナンパをされたり、車に乗っている人から声援をいただいたりなどした。そうすると自然と最後の力が湧いてくる。僕もこの日は峠でへとへとだったが、相棒のママチャリもすでにブレーキオイルが切れかけで進むたびにキイキイ鳴っていた。それでも夜の街を走り続け、この日2016年9月3日21時24分にやっと日本一周の旅が終わった。これで僕の自転車における、長かったようであっという間であった旅は終わりを告げた。しかし人生というこれ以上に壮大な旅はまだまだ始まったばかりである。今までの人生最高の旅に終わりを告げると共に、新しい旅の幕開けにあいさつするかのように、僕は実家の玄関を開けた。

「ただいまー!!」

ママチャリ日本一周《完》

おわりに

この本を書くということは、僕にとって日本二周目であった。というのも、この二周目の旅は、記憶を辿りながら進んで行く旅というものだったので、単純に自転車を漕げばいいという最初の旅とはまた違った苦労や喜びがあった。自転車旅で道に迷ったりしたように、なかなか当時の記憶を思い出せないときも多くあったので、そういう時は地図を見るかのようにかつての日記や写真を眺めながら当時の記憶を呼び起こしたり、出会った人と当時会話した内容を思い出せないときなんかは、再び電話を掛けてまた当時のことを話して懐かしんだりもした。

実際の旅では、人と会ったり綺麗な景色を見たり美味しいご当地グルメを食べることが旅の醍醐味であったが、やはり上り坂や日差しの暑い日、手のかじかむ寒い日や野宿してもなかなか寝れない夜などの苦労の方が何倍も多かった。本を書くという作業も基本的にはなかなか大変で、そもそもこんなに長い文章を書いたこともなかったので、コネやライティング技術も持ち合わせていない僕にできるかどうかなんて保証は皆無だったが、日本一周で最も学ばせていただいた「何事も挑戦してみなくては分からない」ということだけ信じて、ここまで書き上げることが出来た。

自転車旅の時もそうだが、今回の本を書くという旅そのものも、決して僕自身の力では成しえなかったことだ。会って間もない僕に寝床や食事を提供してくれた方や、ヒッチハイクをしたときにもママチャリごと乗せてほしいというわがままにも善意で応えてくれた方、道行く自分に気さくに話しかけてくださったり、ジュースや餞別をくださったたくさんの方々のおかげで、今の自分がいるのである。

そんな方々にせめて恩返し、恩送りができることといえば、僕が経験したママチャリ日本一周を、多くの人に知ってもらい、それぞれの「行動する勇気」につながればと思い、本を書かせていただいた次第である。

だからこの本を読んでくださった皆さんにも、今までやったことのない新しいことにどんどん挑戦してもらいたい。挑戦することはもちろんリスクも付きまとうが、失敗しても失敗したなりの収穫はある。何もしないのが一番もったいない。人生は泣いても笑っても一度きり。だったらやってみない手はないだろう。まだ若くて失敗が許される時期ならなおさらである。

僕には左手に「先天性四指欠損」という障害があるが、それでも旅をして本当に良かったと思っている。障害というハンディがあったからこそ学べたことがあったし、出会えた人がいる。同じくママチャリだったからこそ見れた景色や出会えた人がいる。自分がハンディやコンプレックスと思っているものは、必ずしもマイナス要素ではないということを、今回の旅で知ることが出来た。

あなたのやってみたいことはなんだろうか？　それが今すぐ実現可能であれ時間がかかりそうにしろ、思い立ったが吉日、なるべく早く行動に移してほしい。行動へと移っていく中で、意外にも新しい発見や出会いがあるはずだ。やってみないと何が起こるかは誰にも分からないということである。

人生は生きている限り青春だ。人は情熱を燃やし続ければ、年をとっても目の輝きを失わない。どうせ死んでしまうのなら、生きている間だけでも自分に正直に生きてみてはどうだろうか。

この本の書籍化のために、クラウドファンディングという資金を募るサービスを利用し、多くの方々から出版費の援助をいただき、無事書籍化まで辿り着くことが出来ました。現在は、日本一周中にめぐった多くの地域の中から、「大阪が自分の性に合っている」と判断し、大阪で一人暮らしをしております。

旅で得た経験、書籍化で得た経験を生かし、独立して、また自由に旅していける人生を目指しながら頑張っております。

最後に、ママチャリ日本一周中に出会った方、書籍化を勧めてくださった島根の三賀森さん、出版のためのクラウドファンディングで協力してくださった皆さん、書肆侃侃房の田島さん、瀬川さん、園田さん、多くの方々のおかげで、この本が完成しましたことに感謝いたします。ありがとうございました。

下司啓太

2018年4月吉日

下司啓太（しもつか・けいた）

1992年福岡生まれ、大阪在住。自身の左手に先天性四指欠損という障害を持って生まれる。2014年久留米大学文学部卒業後、アルバイトを１年間続けて、ママチャリで自転車日本一周の旅に挑む。期間は2015年５月から2016年９月まで。

Facebook：「下司啓太」
ブログ：「ママチャリ日本一周の軌跡とその後」
http://keitamamatyari.blogspot.jp/2017/11/blog-post.html

青春をママチャリに乗せて

ハンディキャップの自転車日本一周記

2018 年 6 月 14 日　第 1 刷発行

著　者　　下司啓太
発行者　　田島安江
発行所　　株式会社 書肆侃侃房（しょしかんかんぼう）
〒810-0041 福岡市中央区大名 2-8-18-501
TEL 092-735-2802　FAX 092-735-2792
http://www.kankanbou.com
info@kankanbou.com

編　集　　園田直樹／瀬川恭子（書肆侃侃房）
装丁・DTP　園田直樹（書肆侃侃房）
印刷・製本　株式会社西日本新聞印刷

ISBN978-4-86385-318-8　C0095